本书获得《普通话水平测试实施纲要(2021年版)》著作权人合法授权
本书依据《普通话水平测试实施纲要(2021年版)》编写

普通话水平测试教程

（江苏版）

普通话水平测试教程编写组 ◎ 编

主　编　吴月芹　李素琴
编　委　（按姓氏笔画为序）
　　　　万　强　马龙浩　孙晓姝　肖　虹
　　　　张颖炜　昃　静　季　峰　胡　燕
　　　　夏　蕾　钱　俊　樊功莉

南京大学出版社

图书在版编目(CIP)数据

普通话水平测试教程：江苏版/《普通话水平测试教程》编写组编；吴月芹，李素琴主编. — 南京：南京大学出版社，2025.7. — ISBN 978-7-305-29307-8

Ⅰ.H102

中国国家版本馆CIP数据核字第202575338Z号

出版发行	南京大学出版社
社　　址	南京市汉口路22号　　邮　编　210093

书　　名　**普通话水平测试教程(江苏版)**
　　　　　PUTONGHUA SHUIPING CESHI JIAOCHENG(JIANGSUBAN)
编　者　普通话水平测试教程编写组
主　编　吴月芹　李素琴
责任编辑　丁　群　　　　　　编辑热线　025-83597482

照　　排　南京开卷文化传媒有限公司
印　　刷　南京玉河印刷厂
开　　本　787 mm×1092 mm　1/16　印张 11.75　字数 256千
版　　次　2025年7月第1版　2025年7月第1次印刷
ISBN 978-7-305-29307-8
定　　价　35.00元

网　　址：http://www.njupco.com
官方微博：http://weibo.com/njupco
微信服务号：njuyuexue
销售咨询热线：(025)83594756

* 版权所有，侵权必究
* 凡购买南大版图书，如有印装质量问题，请与所购
　图书销售部门联系调换

前 言

普通话是全国通用的语言。推广普通话是我国的一项基本语言政策。普通话水平测试是贯彻《中华人民共和国国家通用语言文字法》，推广和普及国家通用语言文字的重要举措。

《普通话水平测试教程(江苏版)》由长期在普通话教学和普通话水平评测工作一线的国家级和省级普通话水平测试员，严格依据《普通话水平测试大纲》和《普通话水平测试实施纲要(2021年版)》，围绕应试人学习普通话的重点和难点，结合自己的教学和评测心得编写，密切结合测试全过程，内容丰富，博采众长，形式新颖。希望能为参加普通话水平测试的应试人提供实用、好用的考试指导用书，也为普通话水平测试员提供一本方便、实用的培训教材，切实提高学习者的普通话成绩，有效提升普通话水平。

本教程具有以下几个特点：1. 介绍普通话水平测试的等级标准、测试大纲、样卷和语音基本知识；2. 针对字词训练，精心编排相关练习，并做到分类整理，加强训练的针对性；3. 针对短文朗读训练，文后增加了重点、难点音标注，提高了准备的有效度；4. 针对命题说话训练，列举说话中常见问题及相应对策，结合50个应试话题作思路分析和点拨，并列举了话题提纲；5. 介绍了计算机辅助普通话水平测试流程；6. 附录中提供了实用的测试资料和模拟试卷，包括：《普通话水平测试用必读轻声词语表》《普通话水平测试用儿化词语表》《普通话字词练习》《模拟试卷》等，方便应试人进行专项练习。

本书取得语文出版社授权。书中若有疏忽、错误之处，恳请批评指正。

目 录

第一章 普通话和普通话水平测试 …………………………………… 001

  第一节 普通话和普通话推广 …………………………………… 001

  第二节 普通话水平测试 ………………………………………… 004

第二章 普通话语音知识概述 ………………………………………… 012

  第一节 语音的基本概念 ………………………………………… 012

  第二节 普通话声母 ……………………………………………… 016

  第三节 普通话韵母 ……………………………………………… 038

  第四节 普通话声调 ……………………………………………… 064

  第五节 普通话语流音变 ………………………………………… 069

第三章 单音节字词测试指导与训练 ………………………………… 078

  第一节 单音节字词测试指导 …………………………………… 078

  第二节 单音节字词测试训练 …………………………………… 080

第四章 多音节词语测试指导与训练 ………………………………… 089

  第一节 多音节词语测试指导 …………………………………… 089

  第二节 多音节词语测试训练 …………………………………… 091

第五章 朗读短文测试指导与训练 …………………………………… 112

  第一节 朗读短文测试指导 ……………………………………… 112

  第二节 朗读短文训练 …………………………………………… 113

第六章　命题说话测试指导与训练 …… 164

　　第一节　命题说话测试指导 …… 164

　　第二节　命题说话话题思路分析 …… 167

第七章　计算机辅助普通话水平测试 …… 175

参考文献 …… 182

第一章
普通话和普通话水平测试

第一节 普通话和普通话推广

一、普通话的定义

普通话是现代汉民族共同语。《中华人民共和国宪法》第十九条规定："国家推广全国通用的普通话。"《中华人民共和国国家通用语言文字法》规定："国家通用语言文字是普通话和规范汉字。"普通话是我国国家通用语言，是法定的基本教育教学用语、公务用语、播音用语和公共服务用语。

那么，什么是普通话呢？

1955年召开的"现代汉语规范问题学术会议"，明确了普通话的含义和标准。

普通话是"以北京语音为标准音，以北方方言为基础方言，以典范的现代白话文著作为语法规范的现代汉民族共同语"。

这个定义从语音、词汇、语法三个方面规定了普通话的标准。普通话的语音规范是"以北京语音为标准音"，普通话的词汇规范是"以北方方言词汇为基础"，普通话的语法规范是"以典范的现代白话文著作为语法规范"。

二、普通话和方言

普通话既是现代汉民族的共同语，在汉族各方言区普遍通用，又是国家通用语言，在我国各民族之间普遍通用。现代汉民族既有共同语，也有不同的方言。方言是民族语言的地理分支，是局部地区人们使用的语言。方言是普通话的基础，普通话的语音、词汇和语法都有其所依据的方言基础。在方言区推广普通话，并不是不许讲方言，更不是要消灭方言。推广普通话主要是为了消除不同方言造成的隔阂，更有利于社会交际。

现代汉语的方言大体可分为七大方言。七大方言的概况如下：

（一）北方方言

北方方言是普通话的基础方言，以北京话为代表，内部一致性较强。在汉语各方言中分布地域最广，使用人口占汉族总人口的73%。

北方方言包括四个次方言：

（1）华北、东北方言，分布在京、津两市，河北、河南、山东、东北三省，还有内蒙古的一部分地区。

（2）西北方言，分布在山西、陕西、甘肃等省和青海、宁夏、新疆、内蒙古的一部分地区。

（3）西南方言，分布在四川、云南、贵州等省及湖北大部分地区（东南角咸宁地区除外），广西西北部，湖南西北角等。

（4）江淮方言，分布在安徽、江苏两省的长江以北地区（徐州、蚌埠一带属华北、东北方言，除外），镇江以西，九江以东的长江南岸沿江一带。

（二）吴方言

以苏州话为代表，分布在上海市，江苏省长江以南、镇江以东地区（不包括镇江），南通的小部分地区和浙江省的大部分地区。使用人口约占汉族总人口的7.2%。

（三）湘方言

以长沙话为代表，分布在湖南省除西北角以外的大部分地区。使用人口约占汉族总人口的3.2%。

（四）赣方言

以南昌话为代表，分布在江西省除东北沿长江地带和南部以外的大部分地区。使用人口约占汉族总人口的3.3%。

（五）客家方言

以广东梅县话为代表，分布在广东、福建、台湾、江西、广西、湖南、四川等省。使用人口约占汉族总人口的3.6%。

（六）闽方言

闽方言主要分布区域跨越六省，包括福建和海南的大部分地区、广东东部潮汕地区、雷州半岛部分地区、浙江南部温州地区的一部分、广西的少数地区、台湾省的大多数汉人居住区。闽方言使用人口约占汉族总人口的5.7%。

（七）粤方言

以广州话为代表,分布在广东中部、西南部和广西东部、南部的约一百来个县。它也是香港、澳门同胞的主要交际工具。使用人口占汉族总人口的4%。

就与普通话的差别来说,上述七大方言中,闽方言、粤方言与普通话差距最大,吴方言次之,湘、赣、客家等方言与普通话差距相对较小。

三、普通话推广

1956年,国家成立国务院推广普通话工作委员会,制定了"大力提倡,重点推行,逐步普及"的推广普通话工作方针。20世纪90年代初,国家语言文字工作委员会把新时期推广普通话工作的方针调整为"大力推行,积极普及,逐步提高"。普通话推广工作以"目标管理,量化管理"为基础,1994年,随着大规模的国家通用语言测试"普通话水平测试"的正式实施,普通话推广工作逐步走向科学化、制度化、规范化、法制化。新世纪到来之际,普通话在全国范围内逐步普及,交际中的方言隔阂基本消除,参加测试的人群也逐步扩大。除《中华人民共和国国家通用语言文字法》第十九条规定的"凡以普通话作为工作语言的岗位,其工作人员应当具备说普通话的能力"的测试人群,《普通话水平测试管理规定》中还把"行业主管部门规定的其他应该接受测试的人员""师范类专业、播音与主持艺术专业、影视话剧表演专业以及其他与口语表达密切相关专业的学生"纳入测试对象,"社会其他人员可自愿申请参加测试"。视力和听力残疾人员普通话水平测试也正式纳入国家普通话水平测试体系,普通话水平测试的社会服务性特征得以彰显。

推广普通话是法律赋予我们的神圣使命。"公民有学习和使用国家通用语言文字的权利。国家为公民学习和使用国家通用语言文字提供条件。"推广普通话对国家和个人都具有深远的意义。

推广普通话是国家统一和民族团结的需要。从宏观层面上看,一个国家、一个民族是否拥有统一、规范的语言,具有重要的政治意义。我国是多民族、多语言、多方言的大国,普通话是国家的官方语言,推广、普及普通话有利于增进各民族各地区的交流,有利于维护国家统一,增强中华民族凝聚力,形成共同的文化认同。

推广普通话是政治、经济的需要。普通话有利于克服语言隔阂,促进社会交往,使国家政策法规在各地各民族的推行更为顺畅。经济发展促进了社会人员的流动,普通话的普及使流动劳动力能够顺畅沟通,促进了人才的合理分配。

推广普通话是文化建设和发展的需要。普通话是中华文化的重要载体,普通话的推广普及,有助于弘扬优秀传统文化和爱国主义精神,增强民族文化自信。

推广普通话是国际交流的需要。作为中国的官方语言,普通话的推广有利于推动汉语在世界的转播,对外展示中华文化的魅力,提升中国的国际影响和形象。

第二节 普通话水平测试

普通话水平测试是促进普通话推广普及和应用提高的基本措施之一,也是推普工作走向科学化、规范化、法制化的主要标志。《普通话水平测试大纲》(教育部、国家语委发教语用〔2003〕2号)是开展普通话水平测试的依据,它明确了普通话水平测试的性质和方式,规定了测试的内容范围、试卷构成和评分等。

一、普通话水平测试的性质和方式

普通话水平测试(PUTONGHUA SHUIPING CESHI,缩写为PSC),是根据《普通话水平测试大纲》规定的统一标准和要求,在全国范围内开展的一项测试。普通话水平测试主要测查应试人普通话规范程度、熟练程度,认定其普通话水平等级,属于标准参照性考试。

普通话水平测试全部以口试方式进行。测试为应试人员提供全国通用的普通话水平测试等级证书。

二、普通话水平测试的内容和范围

普通话水平测试的内容包括普通话语音、词汇和语法。

普通话水平测试的范围是国家测试机构编制的《普通话水平测试实施纲要》,其内容包括:《普通话水平测试用普通话词语表》《普通话水平测试用普通话与方言词语对照表》《普通话水平测试用普通话与方言常见语法差异对照表》《普通话水平测试用朗读作品》《普通话水平测试用话题》等。

三、普通话水平测试的等级标准

国家语言文字工作部门发布的《普通话水平测试等级标准》是确定应试人普通话水平等级的依据,《普通话水平测试实施办法(试行)》第四条规定:"普通话水平等级分为三级六等,级和等实行量化评分。"其中,一级是标准的普通话,二级是比较标准的普通话,三级是一般水平的普通话。每个级别内又分为甲、乙两个等级。具体标准如下:

一 级

甲等 朗读和自由交谈时,语音标准,词语、语法正确无误,语调自然,表达流畅。测试总失分率在 3% 以内,即 97 分以上(含 97 分)。

乙等 朗读和自由交谈时,语音标准,词语、语法正确无误,语调自然,表达流畅。偶然有字音、字调失误。测试总失分率在 8% 以内,即 92~96.9 分。

二 级

甲等 朗读和自由交谈时,声韵调发音基本标准,语调自然,表达流畅。少数难点音(平翘舌音、前后鼻尾音、边鼻音等)有时出现失误。词语、语法极少有误。测试总失分率在 13% 以内,即 87~91.9 分。

乙等 朗读和自由交谈时,个别调值不准,声韵母发音有不到位现象。难点音(平翘舌音、前后鼻尾音、边鼻音、送气不送气音、fu-hu、j-z、i-ü 不分,保留浊塞音和浊塞擦音,丢介音,复韵母单音化等)失误较多。方言语调不明显。有使用方言词、方言语法的情况。测试总失分率在 20% 以内,即 80~86.9 分。

三 级

甲等 朗读和自由交谈时,声韵母发音失误较多,难点音超出常见范围,声调调值多不准。方言语调较明显。词语、语法有失误。测试总失分率在 30% 以内,即 70~79.9 分。

乙等 朗读和自由交谈时,声韵调发音失误多,方音特征突出。方言语调明显。词语、语法失误较多。外地人听其谈话有听不懂的情况。测试总失分率在 40% 以内,即 60~69.9 分。

四、普通话水平测试的试卷构成和评分

国家普通话水平测试包括五个部分：读单音节字词、读多音节词语、朗读短文、选择判断、命题说话，满分为100分。

(一) 读单音节字词：100个音节，限时3.5分钟，共10分

测试中，每读错一个音节（含漏读音节）扣0.1分。读音有缺陷每个音节扣0.05分。

超时1分钟以内扣0.5分，超时1分钟以上（含1分钟）扣1分。（人工测试）

计算机辅助测试：超时，未完成音节按错误扣分。

(二) 读多音节词语：总计100个音节，限时2.5分钟，共20分

测试中，每读错一个音节（含漏读音节）扣0.2分。读音有缺陷每个音节扣0.1分。

超时1分钟以内扣0.5分，超时1分钟以上（含1分钟）扣1分。（人工测试）

计算机辅助测试：超时，未完成音节按错误扣分。

(三) 选择判断：包括词语判断、量名词搭配、语序或表达形式判断三项内容，限时3分钟，共10分

测试中，每错误判断一组扣0.25分，每搭配错误一组扣0.5分，每读错一个音节（含漏读音节）扣0.1分。答题时，如判断错误已扣分，不再重复扣分。

选择判断项合计超时1分钟以内扣0.5分，超时1分钟以上（含1分钟）扣1分。

(四) 朗读短文：朗读一段总计400个音节的文章，限时4分钟，共30分

测试中，每读错一个音节（含漏读音节）扣0.1分；声母或韵母的系统性语音缺陷，视程度扣0.5分、1分；语调偏误，视程度扣0.5分、1分、2分；停连不当，视程度扣0.5分、1分、2分；朗读不流畅，视程度扣0.5分、1分、2分；超时扣1分。（人工测试）

计算机辅助测试：超时，未完成音节按错误扣分。

(五) 命题说话：根据选定的话题说一段话，限时3分钟，共30分

应试人从两个可选话题中选定一个话题，按照选定的题目连续说一段话，应试

人3分钟内所说的音节均为评分依据。

命题说话包括三项评分内容：

1. 语音标准程度，共20分。分六档：

一档：语音标准，或极少有错误。扣0分、0.5分、1分。

二档：语音错误在10次以下，有方音但不明显，扣1.5分、2分。

三档：语音错误在10次以下，但方音比较明显，或语音错误在10～15次之间，有方音但不明显，扣3分、4分。

四档：语音错误在10～15次之间，方音比较明显，扣5分、6分。

五档：语音错误超过15次，方音明显，扣7分、8分、9分。

六档：语音错误多，方音重，扣10分、11分、12分。

2. 词汇、语法规范程度，共5分。分三档：

一档：词汇、语法规范，扣0分。

二档：词汇、语法偶有不规范的情况，扣0.5分、1分。

三档：词汇、语法屡有不规范的情况，扣2分、3分。

3. 自然流畅程度，共5分。分三档：

一档：语言自然流畅，扣0分。

二档：语言基本流畅，口语化较差，类似背稿子，扣0.5分、1分。

三档：语言不连贯，语调生硬，扣2分、3分。

说话不足3分钟，酌情扣分。缺时1分钟以内（含1分钟），扣1分、2分、3分；缺时1分钟以上，扣4分、5分、6分；说话不满30秒（含30秒），本测试项成绩计为0分。

说明：各省、自治区、直辖市语言文字工作部门可以根据测试对象或本地区的实际情况，决定是否免测"选择判断"测试项。如免测此项，"命题说话"测试项的分值由30分调整为40分。评分档次不变。

江苏省普通话水平测试中取消了"选择判断"测试项，"命题说话"分值调整为40分。具体分值调整如下：

1. 语音标准程度，共25分。分六档：

一档：没有语音错误，扣0分；错误1次、2次，扣1分；错误3次、4次，扣2分。

二档：语音错误在5～7次之间，有方音但不明显，扣3分；语音错误8次、9次，有方音但不明显，扣4分。

三档：语音错误在5～7次之间，但方音明显，扣5分；语音错误8次、9次，但方音明显，扣6分。语音错误在10～15次之间，有方音但不明显，扣5分、6分。

四档：语音错误在10～15次之间，方音比较明显，扣7分、8分。

五档：语音错误在16～30次之间，方音明显，扣9分、10分、11分。

六档:语音错误超过 30 次,方音重,扣 12 分、13 分、14 分。

语音错误(包括同一音节反复出错),按出现次数累计。

2. 词汇、语法规范程度,共 10 分。

词汇、语法不规范指:使用了典型的方言词语、典型的方言语法以及明显的病句。

词汇、语法不规范,每出现 1 次,扣 0.5 分。最多扣 4 分。

3. 自然流畅程度,共 5 分。分三档:

一档:语言自然流畅,扣 0 分。

二档:语言基本流畅,口语化较差,类似背稿子。有所表现,扣 0.5 分;明显,扣 1 分。

三档:语言不连贯,语调生硬。程度一般的,扣 2 分;严重的,扣 3 分。

4. 说话时间不足 3 分钟,视程度扣 1~6 分。

缺时 15 秒以下,不扣分;缺时 16 秒~30 秒,扣 1 分;缺时 31 秒~45 秒,扣 2 分;缺时 46 秒~1 分钟,扣 3 分;缺时 1 分 01 秒~1 分 30 秒,扣 4 分;缺时 1 分 31 秒~2 分钟,扣 5 分;缺时 2 分 01 秒~2 分 29 秒,扣 6 分。

说话时间不足 30 秒(含 30 秒),本测试项成绩记为 0 分。

5. 离题、内容雷同,视程度扣 4 分、5 分、6 分。

离题是指应试人所说内容完全不符合或基本不符合规定的话题。完全离题,扣 6 分;基本离题,视程度扣 4 分、5 分。

直接或变相使用《普通话水平测试纲要》中的 50 篇朗读短文,扣 6 分;其他内容雷同情况,视程度扣 4 分、5 分。

6. 无效话语,酌情扣 1~6 分。

无效话语一般包括:(1) 简单重复,语言含混不清;(2) 经常重复相同语句;(3)口头禅过多。

无效话语在三分之一以内,视程度扣 1、2、3 分;无效话语在三分之一以上,视程度扣 4、5、6 分。

有效话语不足 30 秒(含 30 秒),本测试项成绩记为 0 分。

五、普通话水平测试流程

(一) 报名

2021 年 11 月,教育部发布的《普通话水平测试管理规定》(中华人民共和国教育部令第 51 号)中明确规定:"以普通话为工作语言的下列人员,在取得相应职业资格或者从事相应岗位工作前,应当根据法律规定或者职业准入条件的要求接受测试。"

1. 教师,广播电台、电视台的播音员、节目主持人,影视话剧演员,国家机关工作人员,行业主管部门规定的其他应该接受测试的人员。

2. 师范类专业、播音与主持艺术专业、影视话剧表演专业以及其他与口语表达密切相关专业的学生应当接受测试。高等学校、职业学校应当为本校师生接受测试提供支持和便利。

3. 社会其他人员可自愿申请参加测试。

4. 在境内学习、工作或生活 3 个月及以上的港澳台人员和外籍人员可自愿申请参加测试。

参加测试的人员,通过官方平台在线报名。报名时须实名注册认证,填写相关信息,在线缴费,报名成功后自行下载打印准考证。

在江苏省参加普通话水平测试,应试人需登录江苏政务服务网 www.jszwfw.gov.cn,注册个人账号,实名认证后完成报名。

(二)测试

应试人持准考证和有效身份证件原件,按时到指定考场报到,参加测试。进入测试室时,不得携带手机等具有无线通讯、拍摄、录音、查询等功能的设备,不得携带任何参考资料。测试过程全程录像。

计算机辅助普通话水平测试操作流程详见第七章。

(三)评分

测试完成,进入评分环节。测试成绩评定依据《普通话水平测试大纲》和《计算机辅助普通话水平测试评分试行办法》。应试人测试成绩达到等级标准,由国家测试机构颁发相应的普通话水平测试等级证书。普通话水平测试等级证书全国通用。

(四)发证

普通话水平测试等级证书分为纸质证书和电子证书,二者具有同等效力。纸质证书由国务院语言文字工作部门统一印制,电子证书执行《国家政务服务平台标准》中关于普通话水平测试等级证书电子证照的行业标准。

六、普通话水平测试样卷

(一) 读单音节字词(100个音节,共10分,限时3.5分钟)。请横向朗读!

昼	八	迷	先	毡	皮	幕	美	彻	飞
鸣	破	锤	风	豆	蹲	霞	掉	桃	定
宫	铁	翁	念	劳	天	旬	沟	狼	口
靴	娘	嫩	机	蕊	家	跪	绝	趣	全
瓜	穷	屡	知	狂	正	裹	中	恒	社
槐	事	轰	竹	掠	茶	肩	常	概	虫
皇	水	君	人	伙	自	滑	早	绢	足
炒	次	渴	酸	勤	鱼	筛	院	腔	爱
鳖	袖	滨	竖	搏	刷	瞟	帆	彩	愤
司	滕	寸	恋	岸	勒	歪	尔	熊	妥

(二) 读多音节词语(100个音节,共20分,限时2.5分钟)。请横向朗读!

取得	阳台	儿童	夹缝儿	混淆	衰落	分析	防御
沙丘	管理	此外	便宜	光环	塑料	扭转	加油
队伍	挖潜	女士	科学	手指	策略	抢劫	森林
侨眷	模特儿	港口	没准儿	干净	日用	紧张	炽热
群众	名牌儿	沉醉	快乐	窗户	财富	应当	生字
奔跑	晚上	卑劣	包装	洒脱	现代化	委员会	轻描淡写

(三) 朗读短文(400个音节,共30分,限时4分钟)

在一次名人访问中,被问及上个世纪最重要的发明是什么时,有人说是电脑,有人说是汽车,等等。但新加坡的一位知名人士却说是冷气机。他解释,如果没有冷气,热带地区如东南亚国家,就不可能有很高的生产力,就不可能达到今天的生活水准。他的回答实事求是,有理有据。

看了上述报道,我突发奇想:为什么没有记者问:"二十世纪最糟糕的发明是什么?"其实二〇〇二年十月中旬,英国的一家报纸就评出了"人类最糟糕的发明"。获此"殊荣"的,就是人们每天大量使用的塑料袋。

诞生于上个世纪三十年代的塑料袋,其家族包括用塑料制成的快餐饭盒、包装纸、餐用杯盘、饮料瓶、酸奶杯、雪糕杯等等。这些废弃物形成的垃圾,数量多、体积大、重量轻、不降解,给治理工作带来很多技术难题和社会问题。

比如,散落在田间、路边及草丛中的塑料餐盒,一旦被牲畜吞食,就会危及健康甚至导致死亡。填埋废弃塑料袋、塑料餐盒的土地,不能生长庄稼和树木,造成土地板结,而焚烧处理这些塑料垃圾,则会释放出多种化学有毒气体,其中一种称为二噁英的化合物,毒性极大。

此外,在生产塑料袋、塑料餐盒的//过程中使用的氟利昂,……

(四)命题说话(请在下列话题中任选一个,共40分,限时3分钟)

1. 我的理想(或愿望)
2. 对幸福的理解

附录:

1.《普通话水平测试大纲》(教语用〔2003〕2号)
2.《普通话水平测试管理规定》(中华人民共和国教育部令第51号)
3.《普通话水平测试规程》(国语函〔2023〕1号)

扫码阅读全文

第二章 普通话语音知识概述

第一节 语音的基本概念

一、音节

音节是语音的基本单位,是人们在语言活动中听感上自然感知到的最小的语音片段。人的发音器官肌肉(主要是喉头的肌肉)的紧张从增强到减弱的一个过程,就形成一个音节。在汉语中,一般一个汉字对应一个音节,如"我们一起学习普通话"就由9个音节组成。但是汉语中的儿化是两个汉字表示一个音节,如"小鱼儿"读作"xiǎo yúr",3个字,读作2个音节,这是汉语中的特殊情况。

普通话水平测试主要以音节为测试单位。

二、音素

听觉上感知到的最小的语音片段并不是最小的语音单位,音节还可以从音色的角度进行进一步的切分。音素就是从音色的角度划分出来的最小的语音单位。如花(huā)这个音节就可以从音色的角度进一步切分为"h、u、a"三个音素。普通话中共有32个音素。

根据声源特征,不同音素又可分为辅音和元音两大类。

气流在口腔或咽腔中受到阻碍而形成的声音叫辅音,又叫子音。辅音发音时形成阻碍的部位特别紧张,气流较强,声带一般不振动,声音一般不响亮。普通话中有22个辅音。

发音时,气流振动声带,在口腔、咽腔中不受阻碍而形成的声音叫元音,又叫母音。元音发音时,气流在口腔或咽腔内不受阻碍,发音器官保持均衡的紧张状态,气流较弱,声带振动,声音响亮。普通话中有10个元音。

三、声母、韵母、声调

汉语传统的音节分析方法,是从音节结构的角度把一个音节分为声母、韵母和声调三个部分。

声母,是指音节开头的辅音。如"普"(pǔ)这个音节中,辅音 p 就是它的声母。有些音节开头没有辅音,如"安"(ān),这样的音节我们称之为零声母音节,它的声母叫零声母。普通话中共有 22 个声母,其中 21 个为辅音声母,1 个为零声母。

韵母,是指音节中声母后面的部分。如"花"(huā)这个音节中,"ua"就是它的韵母。普通话中共有 39 个韵母。韵母主要由元音构成,如"a、ei、iao",也可以由元音加辅音构成,辅音在韵母中只能充当韵尾,能够和元音组合构成韵母的辅音只有"n"和"ng"两个鼻辅音,如"en"和"ing"。

声调,是音节中具有区别意义作用的音高的高低升降的变化。声调贯通于整个音节。普通话共有四个声调,分别是阴平、阳平、上声、去声。

四、汉语拼音方案

汉语拼音方案是记录现代汉语语音的方案,它的主要作用是给汉字注音。汉语拼音方案共分五个部分:字母表、声母表、韵母表、声调符号、隔音符号。

一、字母表

字母	名称	字母	名称
Aa	ㄚ	Jj	ㄐㄧㄝ
Bb	ㄅㄝ	Kk	ㄎㄝ
Cc	ㄘㄝ	Ll	ㄝㄌ
Dd	ㄉㄝ	Mm	ㄝㄇ
Ee	ㄜ	Nn	ㄋㄝ
Ff	ㄝㄈ	Oo	ㄛ
Gg	ㄍㄝ	Pp	ㄆㄝ
Hh	ㄏㄚ	Qq	ㄑㄧㄡ
Ii	ㄧ	Rr	ㄚㄦ

续　表

字母	名称	字母	名称
Ss	ㄝㄙ	Ww	ㄨㄚ
Tt	ㄊㄝ	Xx	ㄒㄧ
Uu	ㄨ	Yy	ㄧㄚ
Vv	ㄞㄝ	Zz	ㄗㄝ

V 只用来拼写外来语、少数民族语言和方言。字母的手写体依照拉丁字母的一般书写习惯。

二、声母表

b	p	m	f	d	t	n	l
ㄅ玻	ㄆ坡	ㄇ摸	ㄈ佛	ㄉ得	ㄊ特	ㄋ讷	ㄌ勒
g	k	h	j	q	x		
ㄍ哥	ㄎ科	ㄏ喝	ㄐ基	ㄑ欺	ㄒ希		
zh	ch	sh	r	z	c	s	
ㄓ知	ㄔ蚩	ㄕ诗	ㄖ日	ㄗ资	ㄘ雌	ㄙ思	

三、韵母表

	i ㄧ 衣	u ㄨ 乌	ü ㄩ 迂
a ㄚ 啊	ia ㄧㄚ 呀	ua ㄨㄚ 蛙	
o ㄛ 喔		uo ㄨㄛ 窝	
e ㄜ 鹅	ie ㄧㄝ 耶		üe ㄩㄝ 约
ai ㄞ 哀		uai ㄨㄞ 歪	
ei ㄟ 诶		uei ㄨㄟ 威	

续 表

ao ㄠ 熬	iao ㄧㄠ 腰		
ou ㄡ 欧	iou ㄧㄡ 忧		
an ㄢ 安	ian ㄧㄢ 烟	uan ㄨㄢ 弯	üan ㄩㄢ 冤
en ㄣ 恩	in ㄧㄣ 因	uen ㄨㄣ 温	ün ㄩㄣ 晕
ang ㄤ 昂	iang ㄧㄤ 央	uang ㄨㄤ 汪	
eng ㄥ 亨的韵母	ing ㄧㄥ 英	ueng ㄨㄥ 翁	
ong ㄨㄥ 轰的韵母	iong ㄩㄥ 雍		

（1）"知、蚩、诗、日、资、雌、思"等字的韵母用 i，即：知、蚩、诗、日、资、雌、思等字拼作 zhi，chi，shi，ri，zi，ci，si。

（2）韵母儿写成 er，用作韵尾的时候写成 r。例如："儿童"拼作 ertong，"花儿"拼作 huar。

（3）韵母 ㄝ 单用的时候写成 ê。

（4）i 行的韵母，前面没有声母的时候，写成 yi（衣），ya（呀），ye（耶），yao（腰），you（忧），yan（烟），yin（因），yang（央），ying（英），yong（雍）。

u 行的韵母，前面没有声母的时候，写成 wu（乌），wa（蛙），wo（窝），wai（歪），wei（威），wan（弯），wen（温），wang（汪），weng（翁）。

ü 行的韵母，前面没有声母的时候，写成 yu（迂），yue（约），yuan（冤），yun（晕），ü 上两点省略。

ü 行的韵母跟声母 j，q，x 拼的时候，写成 ju（居），qu（区），xu（虚），ü 上两点也省略；但是跟声母 n，l 拼的时候，仍然写成：nü（女），lü（吕）。

（5）iou，uei，uen 前面加声母的时候，写成 iu，ui，un。例如 niu（牛），gui（归），lun（论）。

（6）在给汉字注音的时候，为了使拼式简短，ng 可以省作 ŋ。

四、声调符号

阴平	阳平	上声	去声
—	/	∨	\

声调符号标在音节的主要母音上。轻声不标。例如:

妈 mā	麻 má	马 mǎ	骂 mà	吗 ma
阴平	阳平	上声	去声	轻声

五、隔音符号

a,o,e 开头的音节连接在其他音节后面的时候,如果音节的界限发生混淆,用隔音符号(')隔开,例如 pi'ao(皮袄)。

第二节　普通话声母

传统分析法把一个音节分成两部分,音节开头的辅音称为"声母",声母后面的部分称为"韵母",如 huà,h 是声母,ua 是韵母。如果音节开头没有辅音,这个音节就叫零声母音节,其声母为"零声母",如 ēn。

普通话中有 22 个声母,其中 21 个是辅音声母,即:b、p、m、f、d、t、n、l、g、k、h、j、q、x、zh、ch、sh、r、z、c、s。一个是零声母。

因为声母是由辅音构成的,所以研究声母的发音也就是研究构成声母的辅音的发音。辅音发音时,气流通过口腔或鼻腔时要受到阻碍,通过克服阻碍而发出声音。因此,我们可以从两个方面来研究声母的发音:

(1) 发音部位,就是气流受到阻碍的部位。

(2) 发音方法,就是气流克服阻碍发出声音的方法。

一、声母的分类

(一) 按发音部位分类

按照声母的发音部位可分为以下七类:

1. 双唇音

由上唇和下唇构成阻碍而形成的音,有 3 个,即 b、p、m。

2. 唇齿音

由下唇和上齿构成阻碍而形成的音,有 1 个,即 f。

3. 舌尖前音

由舌尖和上齿背构成阻碍而形成的音,有 3 个,即 z、c、s。

4. 舌尖中音

由舌尖和上齿龈构成阻碍而形成的音,有 4 个,即 d、t、n、l。

5. 舌尖后音

由舌尖翘起和硬腭前部构成阻碍而形成的音,有 4 个,即 zh、ch、sh、r。

6. 舌面前音(舌面音)

由舌面前部和硬腭前部构成阻碍而形成的音,有 3 个,即 j、q、x。

7. 舌面后音(舌根音)

由舌面后部(舌根)和软腭前部构成阻碍而形成的音,有 3 个,即 g、k、h。

下面是声母发音部位的示意图:

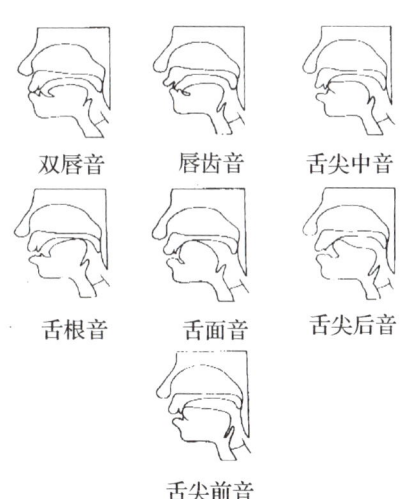

双唇音　唇齿音　舌尖中音

舌根音　舌面音　舌尖后音

舌尖前音

(二) 按发音方法分类

发音器官阻碍气流的方式、气流克服阻碍的方式叫发音方法。发音方法包括阻碍方式、气流强度、声带振动三种情况。

辅音发音有一个动程,按时间顺序可分为三个阶段:成阻,即形成阻碍;持阻,即持续阻碍;除阻,即解除阻碍。

按照发音时形成阻碍、克服阻碍的方式,普通话的声母分为五类:

(1) 塞音。构成阻碍的两个部位完全闭塞。软腭上升,堵塞通向鼻腔的通路。气流经过口腔时冲破阻碍迸裂而出,爆发成声。塞音有6个,即b、p、d、t、g、k。

(2) 擦音。构成阻碍的两个部位非常接近,留下窄缝。软腭上升,堵塞通向鼻腔的通路。气流经过口腔时从窄缝挤出,摩擦成声。擦音有6个,即f、h、x、sh、r、s。

(3) 塞擦音。构成阻碍的两个部位完全闭塞。软腭上升,堵塞通向鼻腔的通路。气流经过口腔先把阻塞部位冲开一条窄缝,从窄缝中挤出,摩擦成声。先破裂,后摩擦,结合成一个音。塞擦音有6个,即j、q、zh、ch、z、c。

(4) 鼻音。口腔里构成阻碍的两个部位完全闭塞。软腭下垂,打开通向鼻腔的通路。气流振动声带,从鼻腔通过。鼻音有2个,即m和n。

(5) 边音。舌尖与齿龈相接构成阻碍,舌头两边留有空隙。软腭上升,堵塞通向鼻腔的通路。气流经过口腔,振动声带,从舌头的两边通过。边音只有1个,即l。

按照发音时呼出的气流的强弱,普通话声母中的塞音和塞擦音分为不送气音和送气音两类。

(1) 不送气音。发音时,呼出的气流较弱。有6个,即b、d、g、j、zh、z。

(2) 送气音。发音时,呼出的气流较强。有6个,即p、t、k、q、ch、c。

按照发音时声带是否颤动,普通话的声母分为清音和浊音两类。

(1) 清音。气流呼出时,声门打开,声带不颤动,发出的音不响亮。清音有17个,即b、p、f、d、t、g、k、h、j、q、x、zh、ch、sh、z、c、s。

(2) 浊音。气流呼出时,颤动声带,发出的音比较响亮。浊音有4个,即m、n、l、r。

声母的发音部位和发音方法可以综合为下表:

普通话声母总表

发音方法　　　　　　　　发音部位	塞音		塞擦音		擦音		鼻音	边音
	清音		清音		清音	浊音	浊音	浊音
	不送气	送气	不送气	送气				
双唇音	b[p]	p[pʰ]					m[m]	
唇齿音					f[f]			
舌尖前音	g[k]	k[kʰ]			h[x]			
舌尖中音			z[ts]	c[tsʰ]	s[s]			
舌尖后音			j[tɕ]	q[tɕʰ]	x[ɕ]			
舌面音			zh[tʂ]	ch[tʂʰ]	sh[ʂ]	r[ʐ]		
舌根音	d[t]	t[tʰ]					n[n]	l[l]

二、声母的发音

把上面讲的声母的发音部位和发音方法结合起来,就可以对普通话 21 个辅音声母的发音进行如下描述:

b[p]　双唇、不送气、清、塞音

发音时,双唇闭合,软腭上升,堵塞鼻腔通路,声带不振动,较弱的气流冲破双唇的阻碍,迸裂而出,爆发成声。

例字:

| 八 bā | 白 bái | 报 bào | 办 bàn | 棒 bàng |
| 北 běi | 本 běn | 迸 bèng | 宾 bīn | 并 bìng |

例词:

| 白布 báibù | 摆布 bǎibù | 宝贝 bǎobèi | 辨别 biànbié |
| 帮办 bāngbàn | 包办 bāobàn | 标兵 biāobīng | 奔波 bēnbō |

p[pʰ]　双唇、送气、清、塞音

发音情况和 b 基本相同,只是除阻时气流较强。

例字:

| 趴 pā | 牌 pái | 跑 pǎo | 盘 pán | 旁 páng |
| 陪 péi | 盆 pén | 朋 péng | 拼 pīn | 凭 píng |

例词:

| 偏旁 piānpáng | 品牌 pǐnpái | 铺平 pūpíng | 澎湃 péngpài |
| 批评 pīpíng | 匹配 pǐpèi | 拼盘 pīnpán | 评聘 píngpìn |

m[m]　双唇、浊、鼻音

发音时,双唇闭合,软腭下降,鼻腔畅通。气流振动声带,从鼻腔通过形成鼻音;阻碍解除时,气流冲破双唇的阻碍,发出轻微的塞音。

例字:

| 妈 mā | 买 mǎi | 毛 máo | 没 méi | 卖 mài |
| 美 měi | 忙 máng | 名 míng | 母 mǔ | 迈 mài |

例词:

| 麦苗 màimiáo | 面貌 miànmào | 美妙 měimiào | 密码 mìmǎ |
| 眉目 méimù | 明媚 míngmèi | 牧民 mùmín | 埋没 máimò |

f[f]　唇齿、清、擦音

发音时,下唇接近上齿,形成窄缝,软腭上升,堵塞鼻腔通路,气流不振动声带,从唇齿间的窄缝中挤出,摩擦成声。

例字：

| 发 fā | 非 fēi | 风 fēng | 房 fáng | 分 fēn |
| 费 fèi | 翻 fān | 福 fú | 凤 fèng | 否 fǒu |

例词：

| 方法 fāngfǎ | 奋发 fènfā | 反复 fǎnfù | 芬芳 fēnfāng |
| 肺腑 fèifǔ | 丰富 fēngfù | 非凡 fēifán | 犯法 fànfǎ |

z[ts] 舌尖前、不送气、清、塞擦音

发音时，舌尖轻轻抵住齿背，软腭上升，堵塞鼻腔通路，声带不振动，较弱的气流把舌尖与上齿背的阻碍冲开一道窄缝，并从中挤出，摩擦成声。

例字：

| 杂 zá | 在 zài | 走 zǒu | 早 zǎo | 字 zì |
| 租 zū | 宗 zōng | 增 zēng | 资 zī | 坐 zuò |

例词：

| 祖宗 zǔzong | 曾祖 zēngzǔ | 栽赃 zāi zāng | 藏族 zàngzú |
| 自尊 zìzūn | 枣子 zǎozi | 造作 zàozuò | 罪责 zuìzé |

c[tsʰ] 舌尖前、送气、清、塞擦音

发音的情况和 z 基本相同，只是除阻时气流较强。

例字：

| 擦 cā | 才 cái | 从 cóng | 错 cuò | 催 cuī |
| 次 cì | 惨 cǎn | 此 cǐ | 侧 cè | 凑 còu |

例词：

| 层次 céngcì | 猜测 cāicè | 仓促 cāngcù | 催促 cuīcù |
| 草丛 cǎocóng | 苍翠 cāngcuì | 粗糙 cūcāo | 从此 cóngcǐ |

s[s] 舌尖前、清、擦音

发音时，舌尖接近上齿背，形成窄缝，软腭上升，堵塞鼻腔通路，声带不振动，气流从舌尖和上齿背的窄缝中擦出而成声。

例字：

| 洒 sǎ | 塞 sè | 送 sòng | 算 suàn | 四 sì |
| 所 suǒ | 岁 suì | 松 sōng | 苏 sū | 散 sàn |

例词：

| 色素 sèsù | 琐碎 suǒsuì | 速算 sùsuàn | 思索 sīsuǒ |
| 四岁 sìsuì | 松散 sōngsǎn | 诉讼 sùsòng | 搜索 sōusuǒ |

d[t] 舌尖中、不送气、清、塞音

发音时，舌尖抵住上齿龈，软腭上升，堵塞鼻腔通路，声带不振动，较弱的气流

冲破舌尖的阻碍,迸裂而出,爆发成声。

例字:

大 dà　　地 dì　　叠 dié　　多 duō　　等 děng
点 diǎn　　定 dìng　　短 duǎn　　掉 diào　　洞 dòng

例词:

道德 dàodé　　电灯 diàndēng　　淡定 dàndìng　　导弹 dǎodàn
大地 dàdì　　单调 dāndiào　　当代 dāngdài　　顶端 dǐngduān

t[tʰ]　舌尖中、送气、清、塞音

发音的情况和 d 基本相同,只是除阻时气流较强。

例字:

踏 tà　　碳 tàn　　滔 tāo　　太 tài　　天 tiān
听 tīng　　题 tí　　谈 tán　　汤 tāng　　图 tú

例词:

团体 tuántǐ　　忐忑 tǎntè　　铁塔 tiětǎ　　探讨 tàntǎo
滩涂 tāntú　　淘汰 táotài　　天堂 tiāntáng　　推脱 tuītuō

n[n]　舌尖中、浊、鼻音

发音时,舌尖抵住上齿龈,软腭下降,打开鼻腔通路,气流振动声带,从鼻腔通道发音;阻碍解除时,气流冲破舌尖的阻碍,发出轻微的塞音。

例字:

那 nà　　乃 nǎi　　捏 niē　　闹 nào　　能 néng
弄 nòng　　南 nán　　念 niàn　　凝 níng　　暖 nuǎn

例词:

牛奶 niúnǎi　　能耐 néngnai　　男女 nánnǚ　　农奴 nóngnú
牛腩 niúnán　　恼怒 nǎonù　　泥泞 nínìng　　拿捏 nániē

l[l]　舌尖中、浊、边音

发音时,舌尖抵住上齿龈,软腭上升,堵塞鼻腔通路,气流振动声带,从舌头两边或一边通过。

例字:

拉 lā　　来 lái　　捞 lāo　　里 lǐ　　鲁 lǔ
领 lǐng　　论 lùn　　乱 luàn　　六 liù　　聊 liáo

例词:

理论 lǐlùn　　轮流 lúnliú　　流利 liúlì　　连累 liánlei
老练 lǎoliàn　　来历 láilì　　嘹亮 liáoliàng　　玲珑 línglóng

zh[tʂ]　舌尖后、不送气、清、塞擦音

发音时,舌尖上翘,抵住硬腭前部,软腭上升,堵塞鼻腔通路,声带不振动,较弱的气流把舌尖的阻碍冲开一道窄缝,并从中挤出,摩擦成声。

例字:

| 支 zhī | 真 zhēn | 住 zhù | 诈 zhà | 眨 zhǎ |
| 中 zhōng | 长 zhǎng | 抓 zhuā | 赚 zhuàn | 撞 zhuàng |

例词:

| 专职 zhuānzhí | 正直 zhèngzhí | 政治 zhèngzhì | 招展 zhāozhǎn |
| 住宅 zhùzhái | 茁壮 zhuózhuàng | 纸质 zhǐzhì | 主张 zhǔzhāng |

ch[tʂʰ]　舌尖后、送气、清、塞擦音

发音的情况和 zh 基本相同,只是除阻时气流较强。

例字:

| 岔 chà | 池 chí | 穿 chuān | 掣 chè | 冲 chōng |
| 初 chū | 唱 chàng | 抄 chāo | 垂 chuí | 醇 chún |

例词:

| 车床 chēchuáng | 橱窗 chúchuāng | 长城 chángchéng | 出产 chūchǎn |
| 超产 chāochǎn | 出差 chūchāi | 充斥 chōngchì | 铲除 chǎnchú |

sh[ʂ]　舌尖后、清、擦音

发音时,舌尖上翘,接近硬腭前部,形成窄缝,软腭上升,堵塞鼻腔通路,声带不振动,气流从舌尖和硬腭前部形成的窄缝中挤出,摩擦成声。

例字:

| 诗 shī | 晒 shài | 设 shè | 说 shuō | 上 shàng |
| 省 shěng | 收 shōu | 睡 shuì | 山 shān | 爽 shuǎng |

例词:

| 舒适 shūshì | 山水 shānshuǐ | 硕士 shuòshì | 施舍 shīshě |
| 事实 shìshí | 身世 shēnshì | 师生 shīshēng | 实施 shíshī |

r[ʐ]　舌尖后、浊、擦音

发音的情况和 sh 相近,只是摩擦比 sh 弱,同时声带振动。

例字:

| 日 rì | 绕 rào | 扔 rēng | 让 ràng | 热 rè |
| 肉 ròu | 荣 róng | 软 ruǎn | 润 rùn | 蕊 ruǐ |

例词:

| 柔软 róuruǎn | 柔弱 róuruò | 仍然 réngrán | 忍让 rěnràng |
| 荏苒 rěnrǎn | 容忍 róngrěn | 融入 róngrù | 如若 rúruò |

j [tɕ]　舌面前、不送气、清、塞擦音

发音时,舌面前部抵住硬腭前部,软腭上升,堵塞鼻腔通路,声带不振动,较弱的气流把舌面前部的阻碍冲开一道窄缝,并从中挤出,摩擦成声。

例字:

| 记 jì | 街 jiē | 竟 jìng | 家 jiā | 见 jiàn |
| 将 jiāng | 叫 jiào | 姐 jiě | 均 jūn | 距 jù |

例词:

| 积极 jījí | 解救 jiějiù | 将军 jiāngjūn | 家具 jiājù |
| 解决 jiějué | 纠结 jiūjié | 拒绝 jùjué | 简介 jiǎnjiè |

q [tɕʰ]　舌面前、送气、清、塞擦音

发音的情况和 j 基本相同,只是除阻时气流较强。

例字:

| 恰 qià | 期 qī | 秋 qiū | 前 qián | 七 qī |
| 强 qiáng | 全 quán | 枪 qiāng | 亲 qīn | 群 qún |

例词:

| 亲戚 qīnqi | 牵强 qiānqiǎng | 确切 quèqiè | 请求 qǐngqiú |
| 欠缺 qiànquē | 齐全 qíquán | 轻巧 qīngqiǎo | 气球 qìqiú |

x [ɕ]　舌面前、清、擦音

发音时,舌面前部接近硬腭前部,留出窄缝,软腭上升,堵塞鼻腔通路,声带不振动,气流从舌面前部和硬腭前部形成的窄缝中挤出,摩擦成声。

例字:

| 下 xià | 绣 xiù | 凶 xiōng | 想 xiǎng | 先 xiān |
| 校 xiào | 新 xīn | 写 xiě | 需 xū | 修 xiū |

例词:

| 学校 xuéxiào | 信息 xìnxī | 想象 xiǎngxiàng | 细心 xìxīn |
| 相信 xiāngxìn | 休闲 xiūxián | 新鲜 xīnxiān | 形象 xíngxiàng |

g [k]　舌面后、不送气、清、塞音

发音时,舌面后部抵住软腭,软腭后部上升,堵塞鼻腔通路,声带不振动,较弱的气流冲破阻碍,爆发成声。

例字:

| 个 gè | 盖 gài | 桂 guì | 尬 gà | 跟 gēn |
| 刚 gāng | 高 gāo | 古 gǔ | 搞 gǎo | 挂 guà |

例词：

| 改革 gǎigé | 公共 gōnggòng | 国歌 guógē | 广告 guǎnggào |
| 巩固 gǒnggù | 古怪 gǔguài | 更改 gēnggǎi | 光顾 guānggù |

k[kʰ] 舌面后、送气、清、塞音

发音的情况和 g 基本相同，只是除阻时气流较强。

例字：

| 课 kè | 慨 kǎi | 挎 kuà | 看 kàn | 开 kāi |
| 考 kǎo | 快 kuài | 空 kōng | 狂 kuáng | 哭 kū |

例词：

| 开口 kāikǒu | 可靠 kěkào | 空旷 kōngkuàng | 开阔 kāikuò |
| 刻苦 kèkǔ | 慷慨 kāngkǎi | 开课 kāikè | 困苦 kùnkǔ |

h[x] 舌面后、清、擦音

发音时，舌面后部接近软腭，留出窄缝，软腭上升，堵塞鼻腔通路，声带不振动，气流从舌面后部和软腭形成的窄缝中挤出，摩擦成声。

例字：

| 花 huā | 号 hào | 活 huó | 好 hǎo | 后 hòu |
| 胡 hú | 换 huàn | 黄 huáng | 货 huò | 鸿 hóng |

例词：

| 皇后 huánghòu | 呼唤 hūhuàn | 悔恨 huǐhèn | 回话 huíhuà |
| 后悔 hòuhuǐ | 火花 huǒhuā | 混合 hùnhé | 行货 hánghuò |

零声母

普通话中零声母音节不多，发音时，零声母音节前面往往会带有微弱的喉塞音或舌面后浊擦音，因为很轻微且没有辨义作用，可不做标注。

例字：

| 袄 ǎo | 为 wèi | 偶 ǒu | 预 yù | 恩 ēn |
| 王 wáng | 眼 yǎn | 二 èr | 恶 è | 冤 yuān |

例词：

| 忘我 wàngwǒ | 永远 yǒngyuǎn | 偶尔 ǒu'ěr | 阿姨 āyí |
| 恩爱 ēn'ài | 偶遇 ǒuyù | 熬药 áoyào | 耀眼 yàoyǎn |

三、声母辨正

（一）平舌音 z、c、s 和翘舌音 zh、ch、sh

1. 掌握平舌音 z、c、s 和翘舌音 zh、ch、sh 的发音

z、c、s 是舌尖前音，发音时舌尖平伸，抵住或接近上齿背；zh、ch、sh 是舌尖后音，发音时舌尖翘起来，抵住或接近硬腭前部。练习的时候可以先发 z、c、s，然后把舌尖翘起来，抵住或接近硬腭前部，这时候发出的音就是 zh、ch、sh。

2. 平翘舌音辨音练习

（1）单音节对比练习

z—zh

| 杂—闸 | 早—找 | 则—哲 | 册—彻 | 栽—摘 |
| 紫—纸 | 邹—周 | 暂—站 | 怎—枕 | 脏—张 |

c—ch

| 词—池 | 擦—插 | 才—柴 | 岑—臣 | 凑—臭 |
| 操—超 | 惨—产 | 次—赤 | 测—掣 | 从—重 |

s—sh

| 寺—是 | 艘—收 | 三—山 | 森—身 | 扫—少 |
| 色—设 | 鳃—筛 | 撒—杀 | 僧—生 | 赛—晒 |

（2）双音节对比练习

z—zh

| 自愿—志愿 | 仿造—仿照 | 姿势—知识 | 宗旨—中止 | 物资—物质 |
| 资源—支援 | 资助—支柱 | 自动—制动 | 增订—征订 | 阻力—主力 |

c—ch

| 粗布—初步 | 新村—新春 | 鱼刺—鱼翅 | 木材—木柴 | 乱草—乱吵 |
| 从来—重来 | 不存—不纯 | 辞藻—池沼 | 操纵—超重 | 推辞—推迟 |

s—sh

| 私人—诗人 | 近似—近视 | 搜集—收集 | 桑业—商叶 | 申诉—申述 |
| 五岁—午睡 | 三顶—山顶 | 肃立—树立 | 四时—事实 | 近似—近视 |

（3）交叉对比练习

z—zh

杂志 zázhì　　栽种 zāizhòng　　增长 zēngzhǎng　　资助 zīzhù

zh—z

自制 zìzhì	自重 zìzhòng	组织 zǔzhī	在职 zàizhí
振作 zhènzuò	正宗 zhèngzōng	赈灾 zhènzāi	职责 zhízé
沼泽 zhǎozé	制作 zhìzuò	准则 zhǔnzé	追踪 zhuīzōng

c—ch

| 采茶 cǎichá | 财产 cáichǎn | 残喘 cánchuǎn | 操场 cāochǎng |
| 磁场 cíchǎng | 促成 cùchéng | 擦车 cāchē | 仓储 cāngchǔ |

ch—c

| 差错 chācuò | 陈醋 chéncù | 成材 chéngcái | 出操 chūcāo |
| 除草 chúcǎo | 储藏 chǔcáng | 初次 chūcì | 尺寸 chǐcùn |

s—sh

| 散失 sànshī | 扫射 sǎoshè | 四声 sìshēng | 宿舍 sùshè |
| 随时 suíshí | 所属 suǒshǔ | 岁数 suìshu | 琐事 suǒshì |

sh—s

| 上司 shàngsi | 哨所 shàosuǒ | 深思 shēnsī | 生死 shēngsǐ |
| 绳索 shéngsuǒ | 石笋 shísǔn | 申诉 shēnsù | 神色 shénsè |

(4) 句段练习

每天在学校的操场上一圈儿又一圈儿地跑着,跑得累倒在地上,扑在草坪上痛哭。

她从来不吃肉,说自己是素食者。

在逃去如飞的日子里,在千门万户的世界里的我能做些什么呢?

(5) 绕口令练习

四是四、十是十,十四是十四、四十是四十,不要把四十念成戏习,也不要把十四念成习戏。

这是蚕,那是蝉。蚕常在叶里藏,蝉藏在叶里唱。

红砖堆、青砖堆,砖堆旁边蝴蝶追,蝴蝶绕着砖堆飞,飞来飞去蝴蝶钻砖堆。

3. 记忆方法

在发音准确的基础上,还要能准确判断普通话里哪些字的声母是 zh、ch、sh,哪些字的声母是 z、c、s。可采用以下方法帮助记忆:

(1) 记少不记多

在普通话的常用字中,平舌音字占平翘舌音字总和的 30%,翘舌音字占平翘舌音字总和的 70%。本着记少不记多的原则,我们只要重点记忆数量较少的平舌音字,也就相应地记住了较多的翘舌音字。

(2) 声旁类推

子——仔 籽 字 孜　　尊——遵 樽 鳟 撙　　曾——赠 增 憎 甑
采——彩 踩 睬 菜　　仓——苍 舱 沧 伧　　寸——村 忖 存 衬
正——征 症 政 证　　昌——猖 娼 倡 唱　　申——伸 婶 神 审
中——种 钟 忠 仲　　主——住 驻 注 珠　　生——胜 牲 笙 甥

但要注意,这种规律也有例外的情况,例如:

此(c)——柴(ch)　　叟(s)——瘦(sh)　　则(z)——铡(zh)
朔(sh)——溯(s)　　责(z)——债(zh)　　才(c)——豺(ch)
仓(c)——创(ch)　　差(ch)——搓(c)　　束(sh)——簌(s)

(3) 记拼合规律

从音节的拼合规律看,普通话声母 z、c、s 不和韵母 ua、uai、uang 相拼,反之,韵母是 ua、uai、uang 的字,其声母一定是 zh、ch、sh;韵母 ong 不能和声母 sh 构成音节。

(二) 鼻音 n 和边音 l

1. 掌握鼻音 n 和边音 l 的发音

普通话里的 n 和 l 能区别意义,方言区的人学习普通话时首先要掌握这两类声母的发音要领。n 和 l 发音部位相同,都是舌尖中音,但是发音方法不同。n 是鼻音,发音时气流通过鼻腔,由鼻孔呼出。l 是边音,发音时气流从舌头的两旁呼出。

2. 鼻边音辨音练习

(1) 单音节对比练习

n—l

那—辣　　讷—乐　　耐—赖　　内—类　　脑—老
男—蓝　　囊—狼　　能—棱　　你—里　　聂—列

l—n

料—尿　　留—牛　　连—年　　林—您　　凉—娘
零—宁　　路—怒　　罗—挪　　卵—暖　　龙—农

(2) 双音节对比练习

n—l

鸟雀—了却　　鲇鱼—鲢鱼　　河南—荷兰　　黄泥—黄鹂　　水牛—水流
浓重—隆重　　怒容—鹿茸　　扭腰—柳腰　　泥巴—篱笆　　难色—蓝色

l—n

| 老子—脑子 | 褴褛—男女 | 无赖—无奈 | 陨落—允诺 | 大梁—大娘 |
| 泪腺—内线 | 流毒—牛犊 | 连带—年代 | 分裂—分蘖 | 蜡笔—捺笔 |

(3) 交叉对比练习

n—l

| 年龄 niánlíng | 努力 nǔlì | 女郎 nǚláng | 哪里 nǎlǐ |
| 纳凉 nàliáng | 脑力 nǎolì | 能力 nénglì | 奶酪 nǎilào |

l—n

| 流年 liúnián | 老年 lǎonián | 历年 lìnián | 来年 láinián |
| 冷暖 lěngnuǎn | 流脑 liúnǎo | 留念 liúniàn | 理念 lǐniàn |

n—n

| 奶娘 nǎiniáng | 南宁 nánníng | 拿捏 nániē | 牛奶 niúnǎi |
| 恼怒 nǎonù | 扭捏 niǔniē | 能耐 néngnai | 男女 nánnǚ |

l—l

| 料理 liàolǐ | 理论 lǐlùn | 浏览 liúlǎn | 履历 lǚlì |
| 联络 liánluò | 流露 liúlù | 老练 lǎoliàn | 拉力 lālì |

(4) 句段练习

在里约热内卢的一个贫民窟里,有一个男孩子,他非常喜欢足球。

大家喜欢的话题之一,就是古长安和古奈良。

农历八月十八是一年一度的观潮日。

(5) 绕口令练习

念一念,练一练,n l 的发音要分辨,l 是边音软腭升,n 是鼻音舌靠前。你来练,我来念,不怕累,不怕难,齐努力,攻难关。

路东住着刘小柳,路南住着牛小妞。刘小柳拿着六个红皮球,牛小妞拎着六个大石榴。

3. 记忆方法

除了要学会 n 和 l 的发音外,还要记住在普通话里哪些字的声母是 n,哪些字的声母是 l。可采用以下方法帮助记忆:

(1) 记少不记多

普通话中 n 声母的字很少,只有 80 多个,而 l 声母的字较多。本着记少不记多的原则,我们只要重点记忆数量较少的 n 声母字,也就相应地记住了较多的 l 声母字。

另外,有些音节跟 l 拼合的音节多,跟 n 拼合的音节少。如:女(nǚ)、囊(náng)、娘(niáng)、酿(niàng)、您(nín)等

(2) 声旁类推

声旁声母读边音 l 的字,整个形声字声母读 l;声旁声母读鼻音 n 的字,整个形声字声母读 n,例如：

内——纳 钠 呐　　农——浓 脓 侬　　尼——泥 呢 妮
那——哪 娜 挪　　奴——怒 努 弩　　宁——拧 狞 泞
兰——烂 拦 栏　　龙——笼 茏 垄　　立——粒 笠 拉

但要注意,这种规律也有例外的情况,例如：

良(liáng)——娘(niáng)

(三) 唇齿音 f 和舌根音 h

1. 掌握 f 和 h 的发音

f 是唇齿音,发音时下唇和上齿构成阻碍。h 是舌根音,发音时舌根和软腭构成阻碍。

2. f 和 h 辨音练习

(1) 单音节练习

f—h

发—花　　番—欢　　方—荒　　非—灰　　分—昏

h—f

轰—风　　呼—夫　　活—佛　　魂—坟　　晃—放

(2) 双音节对比练习

f—h

防空—航空　　幅度—弧度　　佛像—活象　　翻腾—欢腾　　风干—烘干
公费—工会　　废话—会话　　富丽—互利　　俯视—虎视　　放荡—晃荡

h—f

缓冲—反冲　　欢悦—翻阅　　烘干—风干　　花市—发誓　　花环—发凡
互利—富丽　　绘制—废置　　西湖—西服　　互助—附注　　患病—犯病

(3) 交叉对比练习

f—h

浮华 fúhuá　　发挥 fāhuī　　凤凰 fènghuáng　　发话 fāhuà
发慌 fāhuāng　绯红 fēihóng　反悔 fǎnhuǐ　　　繁华 fánhuá

h—f

回复 huífù　　盒饭 héfàn　　划分 huàfēn　　混纺 hùnfǎng
花粉 huāfěn　　后方 hòufāng　化肥 huàféi　　洪峰 hóngfēng

(4) 绕口令练习

对门儿有堵白粉墙,白粉墙上画凤凰。先画一只粉黄粉黄的黄凤凰,后画一只绯红绯红的红凤凰。黄凤凰看红凤凰,红凤凰看黄凤凰。黄凤凰、红凤凰,两只都像活凤凰。

房胡子,黄胡子,新年到了写福字,不知道房胡子的福字写得好,还是黄胡子的福字写得好。

3. 记忆方法

除了学会 f 和 h 的发音外,还要记住在普通话里哪些字的声母是 f,哪些字的声母是 h。可主要采用声旁类推的方法进行记忆。例如:

凡——帆 梵 钒 矾　方——放 房 防 仿　分——纷 芬 粉 份
户——护 沪 冱 戽　胡——湖 糊 唬 琥　奂——唤 换 浼 焕

(四) 翘舌音 r

1. 掌握 r 的发音

声母 r 的发音和 sh 相近,只是摩擦比 sh 弱,同时声带颤动,气流带音。没有翘舌音的方言区,r 也经常用其他音替代,比较多的是发成 l。r 和 l 发音部位比较接近,而且都是浊声母,音色比较近似。要分清这两个声母首先要摆正它们的发音部位:发 l 时,舌尖接触的地方要比发 r 略前一点;而发 r 时,舌尖要向上翘,舌尖略向后移。可主要采用声旁类推的方法进行记忆。例如:

容——蓉 榕 溶 熔　　刃——忍 韧 仞 纫

还有些方言区把 r 声母的字读成零声母,如"温柔"读成"wēnyóu"。也有些方言区会把 r 声母读成浊音[z]。

2. r 和 l 辨音练习

(1) 单音节练习

r—l

热—乐　　肉—漏　　润—论　　荣—龙　　然—兰

l—r

劳—饶　　落—弱　　卵—软　　鲁—乳　　路—入

(2) 双音节对比练习

r—l

求饶—囚牢　乳汁—卤汁　肉馅—露馅　红润—宏论　入口—路口

l—r

收录—收入　衰落—衰弱　娱乐—余热　碧蓝—必然　近路—进入

(3) 交叉对比练习

r—l

| 锐利 ruìlì | 人力 rénlì | 日历 rìlì | 扰乱 rǎoluàn | 热烈 rèliè |
| 容量 róngliàng | 日落 rìluò | 让路 rànglù | 热浪 rèlàng | 认领 rènlǐng |

l—r

| 利刃 lìrèn | 礼让 lǐràng | 利润 lìrùn | 烈日 lièrì | 炼乳 liànrǔ |
| 来日 láirì | 懒人 lǎnrén | 冷热 lěngrè | 例如 lìrú | 利润 lìrùn |

(4) 绕口令练习

热天吃肉,肉漏油。油漏肉热,人又愁。

夏日无日日亦热,冬日有日日亦寒,春日日出天渐暖,秋日天高复云淡,遥看红日迫西山。

(五) 舌面音 j、q、x 和舌尖前音 z、c、s

1. 掌握 j、q、x 和 z、c、s 的发音

有些方言区 j、q、x 发音部位偏前,发音时舌面前部或舌尖与上齿背接触,而非硬腭前端,发音和 z、c、s 相近。如把"想 xiǎng"读成"siǎng",把"奖 jiǎng"读成"ziǎng",把"谢 xiè"读作"siè"。在普通话语音系统里,齐齿呼、撮口呼的韵母只同舌面前音 j、q、x 相拼,称为"团音",不同 z、c、s 相拼,相拼称为"尖音",普通话中只有团音,没有尖音。

需要注意:j、q、x 发音时,舌尖抵住下齿背,舌面前部隆起,抵住硬腭前端。发音时需要控制舌尖下垂,避免在发音过程中舌尖发力。

2. j、q、x 和 z、c、s 辨音练习

(1) j 和 z 的对比辨读

| 架子 | 家族 | 就在 | 抉择 | 叫作 |
| 节奏 | 建造 | 捐赠 | 自己 | 紫金 |

(2) q 和 c 的对比辨读

| 青菜 | 器材 | 清脆 | 憔悴 | 其次 |
| 七彩 | 钱财 | 切磋 | 才气 | 采取 |

(3) x 和 s 的对比辨读

| 习俗 | 潇洒 | 迅速 | 消散 | 心思 |
| 相似 | 羞涩 | 心碎 | 思想 | 所需 |

(六) 舌面音 j、q、x 和舌尖后音 zh、ch、sh

1. 掌握 j、q、x 和 zh、ch、sh 的发音

有些方言区会把 zh、ch、sh 也读作 j、q、x，如把"诗人"读作"西人"，把"知道"读作"鸡道"，把"少数"读成"小数"。

2. j、q、x 和 zh、ch、sh 辨音练习

(1) j 和 zh 的对比辨读

| 紧张 | 精装 | 建筑 | 局长 | 进展 |
| 竞争 | 假装 | 捐助 | 直接 | 涨价 |

(2) q 和 ch 的对比辨读

| 清纯 | 汽车 | 清晨 | 全程 | 清澈 |
| 牵扯 | 虔诚 | 情仇 | 出去 | 长期 |

(3) x 和 sh 的对比辨读

| 显示 | 享受 | 学生 | 销售 | 先生 |
| 小说 | 欣赏 | 携手 | 数学 | 事先 |

(七) 零声母

1. 发准零声母音节

有些方言区会把零声母音节读成带辅音声母，一种情况是在零声母音节前加辅音 n、ng 或 r，如把"爱 ài"读成"nài"，把"鹅 é"读成"ngé"，"允 yǔn"读作"rǒng"。另一种情况是把韵母是 u 开头的零声母音节，读成唇齿浊擦音 v，如把"问 wèn"读成"vèn"。

零声母音节发音时，要去掉前面的辅音部分。以 u 开头的零声母，要拢圆嘴唇，不要让上齿和下唇接触。

2. 零声母音节辨音练习

恩爱	渊源	犹豫	昂扬	熬夜
允许	运动	下雨	语文	仰面
乌鸦	碍眼	遨游	傲气	莲藕
玩耍	新闻	误会	弯腰	围巾

附录一 z、c、s 与 zh、ch、sh 偏旁类推字表

z 声母代表字

匝——砸

赞——攒

澡——燥噪躁藻

则——厕侧测恻（铡 zhá）

责——啧帻（债 zhài）

曾——增赠憎

资——咨姿恣

兹——滋孳

子——籽仔孜字

宗——综棕踪鬃粽（琮淙的声母为 c，崇 chóng）

卒——醉

组——祖租俎阻（粗 cū）

尊——遵樽鳟撙

c 声母代表字

才——财材（豺 chái）

采——菜踩彩睬採

曹——槽嘈漕螬

参——惨

仓——舱沧苍伧（创疮的声母为 ch）

崔——摧催璀

慈——磁糍鹚

此——疵呲雌（柴 chái）

从——丛苁

萃——悴淬翠粹瘁

寸——村存忖

s 声母代表字

散——馓撒橵

桑——嗓搡槡

思——腮鳃

司——嗣伺（词、祠的声母为 c）

斯——撕厮澌嘶

四——泗驷牰

素——愫嗉

孙——狲狲

叟——搜艘馊溲嗖飕

遂——隧邃燧

zh 声母代表字

占——沾毡粘战站（钻 zuān）

长——张帐涨账

章——樟彰瘴障漳璋

丈——仗杖

召——昭招沼照

者——诸猪煮箸

折——哲浙蜇

真——镇缜

贞——帧侦桢

争——挣睁筝铮峥

正——证征政怔症

之——芝汁

支——枝肢

知——蜘智

直——植殖值置

止——址趾致

旨——指脂

只——织职帜

至——窒致

朱——珠株蛛诛

主——注蛀住柱驻拄

中——忠盅钟衷

爪——抓

专——砖转传

庄——桩装

卓——桌悼

中——肿种仲衷忠钟

州——洲

ch 声母代表字

产——铲
昌——猖娼倡唱
长——伥怅
常——嫦
尝——偿
朝——潮嘲
辰——晨宸桭
成——诚城盛
呈——程逞
丞——蒸拯
尺——迟
出——础黜
厨——橱蹰
垂——锤捶陲棰
春——椿蠢

sh 声母代表字

山——汕疝舢讪
扇——煽骟
善——膳缮鳝
尚——赏裳
少——纱沙砂鲨裟
申——神审伸绅砷
生——胜牲茎甥
师——狮筛
史——使驶
市——柿铈
式——试拭弒
守——狩
受——授绶
叔——淑菽
刷——涮
率——摔蟀
疏——蔬
署——薯曙

附录二　n与l偏旁类推字表

n声母代表字

那——哪挪娜

乃——奶耐氖鼐

奈——捺萘柰

南——喃楠腩

内——呐纳讷

尼——呢泥妮昵伲

念——捻埝

聂——蹑镊镍

宁——拧柠咛侫

农——浓脓

奴——努怒

l声母代表字

拉——啦

兰——栏拦烂

阑——谰澜

览——揽榄缆

郎——廊啷榔螂

劳——捞唠痨涝

老——姥佬

雷——擂镭蕾

离——漓篱璃

里——理鲤厘狸

利——犁梨蜊俐

立——粒笠苙

厉——励

力——历沥荔

连——莲链裢

廉——镰

良——粮踉

两——俩辆魉

列——烈裂洌冽咧

令——龄伶蛉铃玲羚聆岭领

林——淋琳霖

龙——咙聋笼垄拢陇

娄——喽楼搂篓镂

留——溜瘤遛榴

卢——庐炉芦轳颅

鲁——橹撸噜

路——鹭露璐

录——禄绿

鹿——辘麓

罗——萝逻箩锣

洛——落络骆

仑——抡伦沦轮论

吕——侣铝

附录三 f与h偏旁类推字表
f声母代表字

伐——伐阀筏

发——废

乏——泛

番——翻

凡——帆矾

反——返饭贩

方——芳房妨防肪访纺仿放

非——菲啡扉诽匪痱

分——纷吩芬粉忿份

风——枫疯讽

夫——麸肤芙扶

弗——拂佛沸费

孚——孵俘浮

伏——茯袱

甫——敷辅傅缚

复——腹馥覆

父——斧釜

付——符府俯腑腐附咐

h声母代表字

禾——和
忽——惚
胡——湖葫糊蝴
虎——唬
户——沪护戽
化——花哗华铧桦
荒——慌谎
皇——皇惶徨凰蝗
黄——璜簧
晃——恍幌
胡——湖葫糊蝴
奂——涣换唤焕痪
灰——恢诙
会——绘荟烩
惠——蕙
回——茴蛔徊
火——伙
或——惑
昏——阍婚

第三节　普通话韵母

韵母是音节中声母后面的部分。韵母大多是由元音构成,如 a、ei、iao,但也有由元音加辅音构成,n 和 ng 两个鼻辅音,可以充当韵尾,如 an、eng。普通话中共有 39 个韵母。

一、韵母的结构

韵母的结构可分为韵头、韵腹、韵尾三个部分。

韵头是韵母发音的起点,介于声母和主要元音韵腹之间,又叫介音或介母。由高元音 i、u、ü 充当,它的发音轻短模糊,很快就向另一个元音滑动。如 ia、uei 中的 i、u。

韵腹是韵母中声音最响亮,开口度最大,持续时间最长的元音,是主要元音,如 ai、ua 中的 a。普通话中 10 个元音都可以充当韵腹。

韵尾是韵母中韵腹后面的部分,又叫尾音,表示韵母发音时滑动的方向。由元音 i、u(o) 和辅音 n、ng 充当,如 ai、ang 中的 i、ng。

一个韵母可以没有韵头和韵尾,但必须有韵腹。韵母中只有一个元音时,这个元音就是韵腹,如 a、i。

二、韵母的分类

(一)按韵母内部结构分类

1. 单韵母:由一个元音构成的韵母,又叫单元音韵母。普通话中共有 10 个单韵母,分别是:a、o、e、ê、i、u、ü、-i(前)、-i(后)、er。

2. 复韵母:由两个或三个元音构成的韵母,又叫复元音韵母。普通话中共有 13 个复韵母,分别是:ai、ei、ao、ou、ia、ie、ua、uo、üe、iao、iou、uai、uei。

3. 鼻韵母:由一个或两个元音带上鼻辅音 n 或 ng 构成的韵母,又叫鼻音尾韵母。普通话中共有 16 个鼻韵母,分别是:an、en、in、ün、ian、uan、üan、uen、ang、eng、ing、ong、iong、iang、uang、ueng。

(二)按韵母发音时开头元音的口形分类(传统分类)

1. 开口呼:韵母开头不是 i、u、ü 的韵母,如 ao、ei、ou。
2. 齐齿呼:韵母开头是 i 的韵母,如 ia、in。
3. 合口呼:韵母开头是 u 的韵母,如 ui、ua。
4. 撮口呼:韵母开头是 ü 的韵母,如 üi、üan。

普通话韵母总表

按结构分 \ 按四呼分	开口呼(15)	齐齿呼(9)	合口呼(10)	撮口呼(5)
单韵母(10)	-i[ɿ ʅ]	i[i]	u[u]	ü[y]
	a[A]			
	o[o]			
	e[ɤ]			
	ê[ɛ]			
	er[ɚ]			

续 表

按四呼分 按结构分	开口呼(15)	齐齿呼(9)	合口呼(10)	撮口呼(5)
复韵母(13)		ia[iA]	ua[uA]	
			uo[uo]	
		ie[iɛ]		üe[yɛ]
	ai[ai]		uai[uai]	
	ei[ei]		uei[uei]	
	ao[ɑu]	iao[iɑu]		
	ou[ou]	iou[iou]		
鼻韵母(16)	an[an]	ian[iɛn]	uan[uan]	üan[yɛn]
	en[ən]	in[in]	uen[uən]	ün[yn]
	ang[ɑŋ]	iang[iɑŋ]	uang[uɑŋ]	
	eng[əŋ]	ing[iŋ]	ueng[uəŋ]	
			ong[uŋ]	iong[yŋ]

三、韵母的发音

下面根据韵母内部结构特点,分析说明韵母的发音情况。

(一) 单韵母

单韵母是由一个元音构成的韵母,共有10个。其中7个是舌面元音,发音时舌面起主要作用,分别是:ɑ、o、e、i、u、ü、ê;2个是舌尖元音,发音时舌尖起主要作用,分别是:-i[前]、-i[后];1个是卷舌元音,发音时带有卷舌色彩,是er。

单韵母发音时主要受舌位和唇形的影响。发音时,舌头的升降伸缩,嘴唇的圆展都会构成不同的口腔共鸣。"舌位"是指发音时舌面隆起部分的所在位置,舌位可通过调节口腔的开合程度,抬高或降低,也可前伸或后缩,"唇形"则可圆可展。

单韵母发音的特点是:发音时,舌位、唇形及开口度始终保持不变。如有一点变化,就不是纯正的单韵母了,所以,发音时要保持固定的口形。

1. 舌面元音单韵母

发音时,舌面起主要作用。影响舌面元音发音的要素主要有:

舌位的高低:指舌面紧张点与上腭的距离,它与口腔开口度有关。开口度小,舌面与上腭的距离近,叫舌位高,如i、ü;开口度大,舌面与上腭的距离远,叫舌位低,如a。一般可分为:高、半高、半低、低四度。

舌位的前后:指舌头的前伸和后缩。舌头前伸,叫舌位前,如i、ü;舌头后缩,叫舌位后,如e、u;舌头不前伸也不后缩,舌位居中,叫舌位央,如a。

唇形的圆展:指唇形的变化。嘴唇拢圆叫圆唇音,如o、u;嘴唇向两边展开或呈自然状态叫不圆唇音,如a、e。

描写舌面元音发音条件可以用元音舌位图来表示。

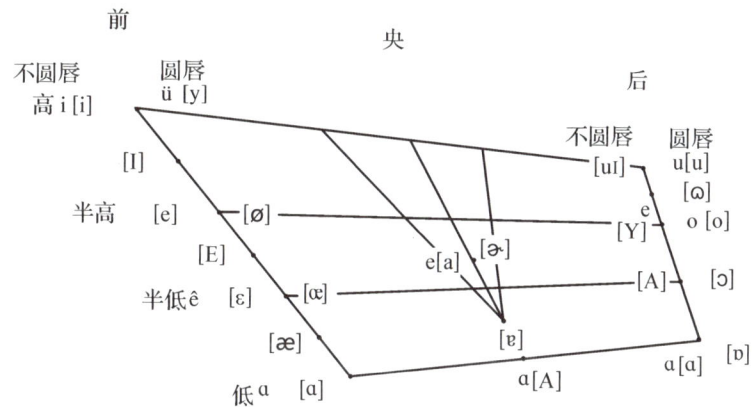

a[A]　舌面、央、低、不圆唇元音

发音时,口自然大开,舌头居中央(不前伸也不后缩),舌部自然放松至口腔最低处,舌面中部略隆起,舌尖置下齿龈,唇形不圆,呈自然开合状,声带振动。软腭上升,关闭鼻腔通路。

例字:

| 答 dá | 杀 shā | 码 mǎ | 罚 fá | 纳 nà |
| 查 chá | 辣 là | 爬 pá | 她 tā | 炸 zhà |

例词:

| 打靶 dǎbǎ | 大厦 dàshà | 发达 fādá | 马达 mǎdá |
| 喇叭 lǎba | 妈妈 māma | 打蜡 dǎlà | 蛤蟆 háma |

o[o]　舌面、后、半高、圆唇元音

发音时,口半闭,圆唇,舌头后缩,舌面后部略隆起,与软腭接近,舌尖置下齿龈后,声带振动。软腭上升,关闭鼻腔通路。

单韵母o发音时易出现动程,发成uo或ou,要找准发音位置,保持舌位唇形始终不变。

例字:

| 拨 bō | 破 pò | 窝 wō | 磨 mò | 泼 pō |
| 博 bó | 佛 fó | 魔 mó | 剥 bō | 我 wǒ |

例词：

| 伯伯 bóbo | 婆婆 pópo | 默默 mòmò | 泼墨 pōmò |
| 薄膜 bómó | 勃勃 bóbó | 嬷嬷 mómo | 破没 pòmò |

e [ɣ]　舌面、后、半高、不圆唇元音

发音时，口半闭，扁唇，舌头后缩，舌面后部略隆起，与软腭接近，舌面两边微卷，舌面中部稍凹，舌尖置于下齿龈后，嘴角向两边微展，声带振动。软腭上升，关闭鼻腔通路。

e 发音时的舌位与 o 相同，只是唇形自然展开。

例字：

| 课 kè | 歌 gē | 何 hé | 涩 sè | 德 dé |
| 特 tè | 乐 lè | 折 zhé | 车 chē | 射 shè |

例词：

| 隔阂 géhé | 合格 hégé | 客车 kèchē | 特色 tèsè |
| 折射 zhéshè | 哥哥 gēge | 折合 zhéhé | 嘚瑟 dè·se |

ê [ɛ]　舌面、前、半低、不圆唇元音

发音时，口自然打开，扁唇，舌头前伸，舌面前部略隆起，与硬腭接近，舌尖抵住下齿背，嘴角向两边微展，声带振动。软腭上升，关闭鼻腔通路。

在普通话中，ê 只在语气词"欸"中单用，一般作叹词，有四个声调，分别表示不同的意义。ê 不与任何辅音声母相拼，只构成复韵母 ie、üe，并在书写时省去上面的附加符号"ˆ"。

例字：

| 姐 jiě | 窃 qiè | 鞋 xié | 鳖 biē | 铁 tiě |
| 穴 xué | 绝 jué | 缺 quē | 掠 lüè | 跃 yuè |

例词：

| 告别 gàobié | 感谢 gǎnxiè | 昨夜 zuóyè | 消灭 xiāomiè |
| 确切 quèqiè | 谢谢 xièxie | 乜斜 miēxie | 雪月 xuěyuè |

i [i]　舌面、前、高、不圆唇元音

发音时，口微开，扁唇，上下齿相对，舌头前伸，舌面前部略隆起，与硬腭接近，舌尖抵住下齿背，嘴角向两边微展，声带振动。软腭上升，关闭鼻腔通路。

i 发音时不带摩擦音。

例字：

| 鸡 jī | 器 qì | 洗 xǐ | 离 lí | 替 tì |
| 易 yì | 米 mǐ | 笔 bǐ | 皮 pí | 你 nǐ |

例词：

笔记 bǐjì　　　激励 jīlì　　　基地 jīdì　　　记忆 jìyì

霹雳 pīlì　　　体系 tǐxì　　　吉利 jílì　　　击毙 jībì

u[u]　舌面、后、高、圆唇元音

发音时，口微开，圆唇，舌头后缩，舌面后部高度隆起和软腭接近，舌尖置下齿龈后，声带振动。软腭上升，关闭鼻腔通路。

例字：

不 bù　　　普 pǔ　　　幕 mù　　　夫 fū　　　独 dú

图 tú　　　怒 nù　　　卢 lú　　　书 shū　　　如 rú

例词：

补助 bǔzhù　　　读物 dúwù　　　辜负 gūfù　　　瀑布 pùbù

入伍 rùwǔ　　　互助 hùzhù　　　露骨 lùgǔ　　　鼓舞 gǔwǔ

ü[y]　舌面、前、高、圆唇元音

发音时，口微开，唇形拢圆，略向前突。舌头前伸，舌面前部略隆起接近硬腭，舌尖抵住下齿背，声带振动。软腭上升，关闭鼻腔通路。

ü的发音与i基本相同，只是唇形圆拢。

例字：

绿 lǜ　　　局 jú　　　娶 qǔ　　　需 xū　　　女 nǚ

许 xǔ　　　鱼 yú　　　距 jù　　　去 qù　　　驴 lǘ

例词：

聚居 jùjū　　　区域 qūyù　　　屈居 qūjū　　　须臾 xūyú

序曲 xùqǔ　　　渔具 yújù　　　絮语 xùyǔ　　　旅居 lǚjū

2. 舌尖元音单韵母

发音时，舌尖起主要作用。有 2 个，分别是舌尖前元音-i(前)和舌尖后元音-i(后)。

-i(前)[ɿ]　舌尖、前、高、不圆唇元音

发音时，口微开，扁唇，嘴角向两边展开，舌头平伸，舌尖靠近上齿背，声带振动。发音时气流通道狭窄，但不发生摩擦。软腭上升，关闭鼻腔通路。

-i(前)不能独立运用，只出现在 z、c、s 的后面，可把 zi、ci、si 发音拉长，音节后面的部分即是-i(前)的读音。

例字：

紫 zǐ　　　词 cí　　　四 sì　　　死 sǐ　　　自 zì

刺 cì　　　私 sī　　　姿 zī　　　撕 sī　　　次 cì

例词：

私自 sīzì　　　此次 cǐcì　　　次子 cìzǐ　　　字词 zìcí

自私 zìsī　　　恣肆 zìsì　　　子嗣 zǐsì　　　刺字 cìzì

-i(后)[ɿ]　舌尖、后、高、不圆唇元音

发音时，口微开，扁唇，嘴角向两边展开，舌尖上翘，靠近硬腭前部，声带振动。发音时气流通道狭窄，但不发生摩擦。软腭上升，关闭鼻腔通路。

-i(后)不能独立运用，只出现在 zh、ch、sh、r 的后面，可把 zhi、chi、shi、ri 的发音拉长，音节后面的部分即是-i(后)的读音。

例字：

只 zhī　　　时 shí　　　迟 chí　　　至 zhì　　　日 rì

师 shī　　　纸 zhǐ　　　吃 chī　　　事 shì　　　尺 chǐ

例词：

实施 shíshī　　支持 zhīchí　　知识 zhīshi　　制止 zhìzhǐ

值日 zhírì　　　实质 shízhì　　食指 shízhǐ　　咫尺 zhǐchǐ

3. 卷舌元音单韵母

er[ər]　卷舌、央、中、不圆唇元音

er[ər]是在[ə]的基础上加上卷舌动作而成。发音时，口腔自然打开(是ɑ[A]的开口度的一半)，扁唇，舌头居中央，舌尖向硬腭中部上卷(但不接触)，声带振动。软腭上升，关闭鼻腔通路。

例字：

儿 ér　　　二 èr　　　而 ér　　　尔 ěr　　　贰 èr

例词：

而且 érqiě　　儿歌 érgē　　耳朵 ěrduo　　二胡 èrhú

二十 èrshí　　耳机 ěrjī　　而立 érlì　　二哥 èrgē

(二) 复韵母

复韵母是由两个或三个元音组成的韵母，普通话中共有13个复韵母。

复韵母发音的特点：

一是元音之间没有明显的界限，整个发音过程是从一个元音滑向另一个元音，而不是几个元音的简单相加。在滑动过程中，舌位的前后、高低和唇形的圆展都在逐渐变动，不是跳跃变化，中间有一连串过渡音，同时气流不中断，形成一个发音整体。如发 ai 时，从 ɑ 到 i，舌位逐渐升高、前移，嘴唇逐渐展开，其间包括 ɑ 和 i 之间的许多过渡音。

二是各元音的发音响度、强度、长短不一,其中只有一个元音(韵腹)声音较响亮、清晰,韵头、韵尾则念得较轻、较短、较弱,如 ia,主要元音 a 的发音口腔开口度最大,声音最响亮,持续时间最长,其他元音 i 发音轻短或含混模糊。

根据韵腹所在的位置,复韵母可分为前响复韵母、中响复韵母、后响复韵母三类。

(1) 前响复韵母

前响复韵母是指主要元音(韵腹)处在前面的复韵母,普通话前响复韵母有四个,分别是:ai、ei、ao、ou。发音时,开头的元音清晰响亮、时间较长,后头的元音含混模糊,音值不太固定,只表示舌位滑动的方向。

ai[ai]

发音时,a[a]是比单元音 a[A] 舌位靠前的前低不圆唇元音。发 a[a]时,口大开,扁唇,舌面前部略隆起,舌尖抵住下齿背,声带振动。发 ai[ai]时,a[a]清晰响亮,后头的元音 i[i]含混模糊,只表示舌位滑动的方向。

例字:

| 白 bái | 载 zài | 台 tái | 鳃 sāi | 窄 zhǎi |
| 晒 shài | 该 gāi | 踩 cǎi | 海 hǎi | 歪 wāi |

例词:

| 爱戴 àidài | 采摘 cǎizhāi | 海带 hǎidài | 开采 kāicǎi |
| 拍卖 pāimài | 灾害 zāihài | 外来 wàilái | 彩排 cǎipái |

ei[ei]

发音时,起点元音是前半高不圆唇元音 e[e],实际发音舌位略靠后靠下,接近央元音[ə]。发 ei[ei]时,开头的元音 e[e]清晰响亮,舌尖抵住下齿背,使舌面前部隆起与硬腭中部相对。从 e[e]开始舌位升高,向 i[i]的方向往前高滑动,i[i]的发音含混模糊,只表示舌位滑动的方向。

例字:

| 被 bèi | 陪 péi | 美 měi | 背 bēi | 奎 kuí |
| 磊 lěi | 黑 hēi | 飞 fēi | 北 běi | 累 lèi |

例词:

| 肥美 féiměi | 妹妹 mèimei | 蓓蕾 bèilěi | 黑莓 hēiméi |
| 每每 měiměi | 北非 běifēi | 黑妹 hēimèi | 贝类 bèilèi |

ao[au]

发音时,a[ɑ]是比单元音 a[A]舌位靠后的后低不圆唇元音。发 a[ɑ]时,口大开,扁唇,舌头后缩,舌面后部略隆起,声带振动。发 ao[au]时,a[ɑ]清晰响亮,后头的元音 o[u]舌位状态接近单元音 u[u](拼写作 o,实际发音接近 u),但舌位略低，只表示舌位滑动的方向。

例字：

报 bào　　跑 pǎo　　猫 māo　　到 dào　　逃 táo
闹 nào　　老 lǎo　　搞 gǎo　　糙 cāo　　绕 rào

例词：

懊恼 àonǎo　　操劳 cāoláo　　高潮 gāocháo　　骚扰 sāorǎo
逃跑 táopǎo　　早操 zǎocāo　　报道 bàodào　　糟糕 zāogāo

ou[ou]

发音时，起点元音 o 比单元音 o[o]的舌位略高、略前，唇形略圆。发音时，开头的元音 o[o]清晰响亮，舌位向 u 的方向滑动，u[u]的发音含混模糊，只表示舌位滑动的方向。ou 是普通话复韵母中动程最短的复合元音。

例字：

谋 móu　　否 fǒu　　斗 dòu　　头 tóu　　首 shǒu
漏 lòu　　沟 gōu　　猴 hóu　　愁 chóu　　肉 ròu

例词：

丑陋 chǒulòu　　兜售 dōushòu　　口头 kǒutóu　　漏斗 lòudǒu
收购 shōugòu　　喉头 hóutóu　　守候 shǒuhòu　　走漏 zǒulòu

(2) 后响复韵母

后响复韵母是指主要元音(韵腹)处在后面的复韵母。普通话后响复韵母有 5 个，分别是：ia、ie、ua、uo、üe。它们发音的特点是舌位由高向低滑动，收尾的元音响亮清晰，在韵母中处在韵腹的位置。而开头的元音都是高元音 i、u、ü，由于它处于韵母的韵头位置，发音轻短模糊，只表示舌位的起点。

ia[iA]

发音时，从前高元音 i[i]开始，舌位滑向央低元音 a[A]结束。i[i]的发音较短，a[A]的发音响亮而且时间较长。

例字：

家 jiā　　洽 qià　　瞎 xiā　　雅 yǎ　　俩 liǎ
侠 xiá　　佳 jiā　　掐 qiā　　崖 yá　　卡 qiǎ

例词：

假牙 jiǎyá　　恰恰 qiàqià　　压价 yājià　　下家 xiàjiā
加价 jiājià　　家鸭 jiāyā　　贾家 jiǎjiā　　加压 jiāyā

ie[iε]

发音时，从前高元音 i[i]开始，舌位滑向前半低元音 ê[ε]结束。i[i]发音较短，ê[ε]发音响亮而且时间较长。

例字：

鳖 biē　　姐 jiě　　铁 tiě　　窃 qiè　　鞋 xié

聂 niè　　跌 diē　　烈 liè　　杰 jié　　灭 miè

例词：

结业 jiéyè　　贴切 tiēqiè　　铁屑 tiěxiè　　谢谢 xièxie

爹爹 diēdie　　趔趄 lièqie　　乜斜 miēxie　　铁鞋 tiěxié

ua[uA]

发音时，从后高圆唇元音 u[u]开始，舌位滑向央低元音 a[A]结束。唇形由最圆逐步展开到不圆。u[u]发音较短，a[A]的发音响亮而且时间较长。

例字：

话 huà　　瓜 guā　　华 huá　　挖 wā　　寡 guǎ

挎 kuà　　刷 shuā　　抓 zhuā　　耍 shuǎ　　花 huā

例词：

挂花 guàhuā　　耍滑 shuǎhuá　　娃娃 wáwa　　画画 huàhuà

花袜 huāwà　　呱呱 guāguā　　挂画 guàhuà　　刷花 shuāhuā

uo[uo]

由圆唇后元音复合而成。发音时，从后高元音 u[u]开始，舌位向下滑到后半高元音 o[o]结束。发音过程中，唇形保持圆唇，开头最圆，结尾圆唇度略减。u[u]发音较短，o[o]的发音响亮而且时间较长。

例字：

多 duō　　驼 tuó　　所 suǒ　　硕 shuò　　浊 zhuó

廓 kuò　　糯 nuò　　错 cuò　　国 guó　　火 huǒ

例词：

错落 cuòluò　　硕果 shuòguǒ　　脱落 tuōluò　　阔绰 kuòchuò

骆驼 luòtuo　　懦弱 nuòruò　　国货 guóhuò　　蹉跎 cuōtuó

üe[yε]

由前元音复合而成。发音时，从圆唇的前高元音 ü[y]开始，舌位下滑到前半低元音 ê[ε]，唇形由圆到不圆。ü[y]的发音时间较短，ê[ε]的发音响亮而且时间较长。

例字：

绝 jué　　缺 quē　　穴 xué　　掠 lüè　　月 yuè

疟 nüè　　掘 jué　　雀 què　　雪 xuě　　约 yuē

例词：

雀跃 quèyuè	约略 yuēlüè	雪月 xuěyuè	决绝 juéjué
缺略 quēlüè	戏谑 xìxuè	缺月 quēyuè	学学 xuéxue

(3) 中响复韵母

中响复韵母是指主要元音（韵腹）处在中间的复韵母。普通话中的中响复韵母共有 4 个，分别是：iao、iou、uai、uei。这些韵母发音的特点是舌位由高向低滑动，再从低向高滑动。开头的元音发音不响亮、较短促，只表示舌位滑动的开始，中间的元音清晰响亮，收尾的元音轻短模糊，音值不太固定，只表示舌位滑动的方向。

iao[iau]

发音时，由前高不圆唇元音 i[i]开始，舌位降至后低元音 a[ɑ]，然后再向后高圆唇元音 u[u]的方向滑升。发音过程中，舌位先降后升，由前到后。唇形从中间的元音 a[ɑ]开始由不圆唇变为圆唇。

例字：

表 biǎo	漂 piāo	苗 miáo	调 diào	挑 tiāo
鸟 niǎo	笑 xiào	角 jiǎo	敲 qiāo	渺 miǎo

例词：

吊销 diàoxiāo	疗效 liáoxiào	巧妙 qiǎomiào	调料 tiáoliào
逍遥 xiāoyáo	苗条 miáotiao	萧条 xiāotiáo	叫嚣 jiàoxiāo

iou[iou]

发音时，由前高不圆唇元音 i[i]开始，舌位后移且降至后半高元音[o]，然后再向后高圆唇元音 u[u]的方向滑升。发音过程中，舌位先降后升，由前到后。唇形由不圆唇开始到后元音[o]时，逐渐圆唇。

例字：

球 qiú	旧 jiù	优 yōu	牛 niú	酒 jiǔ
流 liú	绣 xiù	由 yóu	揪 jiū	秋 qiū

例词：

久留 jiǔliú	求救 qiújiù	绣球 xiùqiú	优秀 yōuxiù
悠久 yōujiǔ	牛油 niúyóu	琉球 liúqiú	舅舅 jiùjiu

uai[uai]

发音时，由圆唇的后高元音 u[u]开始，舌位向前滑降到前低不圆唇元音 a[a]（即前 a），然后再向前高不圆唇元音 i[i]的方向滑升。舌位动程先降后升，由后到前。唇形从最圆开始，逐渐减弱圆唇度，至发前元音 a[a]始渐变为不圆唇。

例字：

| 乖 guāi | 衰 shuāi | 坏 huài | 外 wài | 怀 huái |
| 筷 kuài | 淮 huái | 揣 chuāi | 拽 zhuài | 崴 wǎi |

例词：

| 外快 wàikuài | 怀揣 huáichuāi | 乖乖 guāiguai | 摔坏 shuāihuài |
| 徘徊 páihuái | 外拐 wàiguǎi | 衰败 shuāibài | 外踝 wàihuái |

uei［uei］

发音时，由后高圆唇元音 u［u］开始，舌位向前向下滑到前半高不圆唇元音 e［e］的位置，然后再向前高不圆唇元音 i［i］的方向滑升。发音过程中，舌位先降后升，由后到前。唇形从最圆开始，随着舌位的前移，渐变为不圆唇。

例字：

| 椎 zhuī | 推 tuī | 锤 chuí | 微 wēi | 对 duì |
| 汇 huì | 醉 zuì | 毁 huǐ | 尾 wěi | 归 guī |

例词：

| 垂危 chuíwēi | 归队 guīduì | 悔罪 huǐzuì | 追悔 zhuīhuǐ |
| 荟萃 huìcuì | 推诿 tuīwěi | 水位 shuǐwèi | 回味 huíwèi |

《汉语拼音方案》中规定，iou、uei 两个韵母和辅音声母相拼时，受声母与声调的影响，中间的元音弱化，写作 iu、ui。例如"牛"写作 niú，不写作 nióu；"归"写作 guī，不写作 guēi。

(三) 鼻韵母

鼻韵母是指带有鼻辅音的韵母，又叫作鼻音尾韵母。

鼻韵母的发音有两个特点：一是元音同后面的鼻辅音不是简单相加，而是和复韵母发音一样，由元音向鼻辅音滑动。发音时，元音逐渐向鼻辅音过渡，渐渐增加鼻音色彩，最后形成鼻辅音。二是作韵尾的鼻辅音除阻阶段不发音，最后发音部位闭塞，所以又叫唯闭音。鼻韵母的发音不是以鼻辅音为主，而是以元音为主，元音清晰响亮，鼻辅音重在做出发音状态，发音不太明显。

发鼻韵母时需要先后用到两个气流通道，一是口腔，二是鼻腔。但是不是同时，而是先后。发元音时，口腔通道畅通，发辅音时气流通过鼻腔，如果发元音时鼻腔通道也开启，就会形成鼻化元音。

(1) 前鼻音韵母

前鼻音韵母是指鼻韵母中以 -n［n］为韵尾的韵母。普通话中的前鼻音韵母有 8 个，分别是：an、en、in、un、ian、uan、üan、uen。韵尾 -n 的发音部位比声母 n- 的位置

略微靠后,一般是舌面前部向硬腭接触。前鼻音韵母的发音中,韵头的发音比较轻短,韵腹的发音清晰响亮,韵尾的发音只做出发音状态。

an[an]

发音时,起点元音是前低不圆唇元音 a[a],舌尖抵住下齿背,舌位降到最低,软腭上升,关闭鼻腔通路。从"前 a"开始,舌面升高,舌面前部抵住硬腭前部,当两者将要接触时,软腭下降,打开鼻腔通路,紧接着舌面前部与硬腭前部闭合,使在口腔受到阻碍的气流从鼻腔里透出。口形由开到合,舌位移动较大。

例字:

| 斑 bān | 坦 tǎn | 燃 rán | 懒 lǎn | 淡 dàn |
| 看 kàn | 含 hán | 展 zhǎn | 甘 gān | 伞 sǎn |

例词:

| 参战 cānzhàn | 反感 fǎngǎn | 烂漫 lànmàn | 谈判 tánpàn |
| 坦然 tǎnrán | 赞叹 zàntàn | 悍然 hànrán | 战乱 zhànluàn |

en[ən]

发音时,起点元音是央元音 e[ə],舌位中性(不高不低不前不后),舌尖接触下齿背,舌面隆起部位受韵尾影响略靠前。从央元音 e[ə]开始,舌面升高,舌面前部抵住硬腭前部,当两者将要接触时,软腭下降,打开鼻腔通路,紧接着舌面前部与硬腭前部闭合,使在口腔受到阻碍的气流从鼻腔里透出。口形由开到闭,舌位移动较小。

例字:

| 本 běn | 神 shén | 门 mén | 人 rén | 问 wèn |
| 真 zhēn | 愤 fèn | 奔 bēn | 怎 zěn | 森 sēn |

例词:

| 根本 gēnběn | 门诊 ménzhěn | 人参 rénshēn | 认真 rènzhēn |
| 深沉 shēnchén | 振奋 zhènfèn | 沉闷 chénmèn | 审问 shěnwèn |

in[in]

发音时,起点元音是前高不圆唇元音 i[i],舌尖抵住下齿背,软腭上升,关闭鼻腔通路。从舌位最高的前元音 i[i]开始,舌面升高,舌面前部抵住硬腭前部,当两者将要接触时,软腭下降,打开鼻腔通路,紧接着舌面前部与硬腭前部闭合,使在口腔受到阻碍的气流从鼻腔透出。开口度几乎没有变化,舌位动程很小。

例字:

| 民 mín | 进 jìn | 宾 bīn | 品 pǐn | 新 xīn |
| 林 lín | 芹 qín | 信 xìn | 印 yìn | 殡 bìn |

例词：

近邻 jìnlín　　　拼音 pīnyīn　　　信心 xìnxīn　　　辛勤 xīnqín

引进 yǐnjìn　　　濒临 bīnlín　　　贫民 pínmín　　　殷勤 yīnqín

ün[yn]

发音时，起点元音是前高圆唇元音 ü[y]。与 in 的发音过程基本相同，只是唇形变化不同。从圆唇的前元音 ü 开始，唇形从圆唇逐步展开，而 in 的唇形始终是展唇。

例字：

寻 xún　　　君 jūn　　　云 yún　　　裙 qún　　　允 yǔn

训 xùn　　　俊 jùn　　　逡 qūn　　　熏 xūn　　　蕴 yùn

例词：

军训 jūnxùn　　　均匀 jūnyún　　　芸芸 yúnyún　　　菌群 jūnqún

循循 xúnxún　　　军勋 jūnxūn　　　晕晕 yūnyūn　　　逡巡 qūnxún

ian[iɛn]

发音时，从前高不圆唇元音 i[i] 开始，舌位向前低元音 a[a]（前 a）的方向滑降，舌位只降到半低前元音 ê[ɛ] 的位置就开始升高。发 ê[ɛ] 后，软腭下降，逐渐增强鼻音色彩，舌尖迅速移到上齿龈，最后抵住上齿龈做出发鼻音-n 的状态。

例字：

联 lián　　　添 tiān　　　钱 qián　　　险 xiǎn　　　间 jiān

棉 mián　　　篇 piān　　　填 tián　　　电 diàn　　　骈 pián

例词：

艰险 jiānxiǎn　　　简便 jiǎnbiàn　　　连篇 liánpiān　　　前天 qiántiān

浅显 qiǎnxiǎn　　　田间 tiánjiān　　　电线 diànxiàn　　　艰险 jiānxiǎn

uan[uan]

发音时，由圆唇的后高元音 u[u] 开始，口形迅速由合口变为开口状，舌位向前迅速滑降到不圆唇的前低元音 a[a]（前 a）的位置就开始升高。发 a[a] 后，软腭下降，逐渐增强鼻音色彩，舌尖迅速移到上齿龈，最后抵住上齿龈做出发鼻音-n 的状态。

例字：

晚 wǎn　　　赚 zhuàn　　　暖 nuǎn　　　酸 suān　　　罐 guàn

断 duàn　　　阮 ruǎn　　　川 chuān　　　团 tuán　　　卵 luǎn

例词：

贯穿 guànchuān　　　软缎 ruǎnduàn　　　酸软 suānruǎn　　　婉转 wǎnzhuǎn

专款 zhuānkuǎn　　　玩玩 wánwan　　　宽缓 kuānhuǎn　　　专断 zhuānduàn

üan[yɛn]

发音时,由圆唇的后高元音ü[y]开始,向前低元音a[a]的方向滑降。舌位只降到前半低元音ê[ɛ]略后的位置就开始升高。发[ɛ]后,软腭下降,逐渐增强鼻音色彩,舌尖迅速移到上齿龈,最后抵住上齿龈做出发鼻音-n的状态。

例字:

| 捐 juān | 权 quán | 轩 xuān | 元 yuán | 倦 juàn |
| 犬 quǎn | 绚 xuàn | 卷 juǎn | 选 xuǎn | 苑 yuàn |

例词:

| 源泉 yuánquán | 轩辕 xuānyuán | 涓涓 juānjuān | 圆圈 yuánquān |
| 渊源 yuānyuán | 全权 quánquán | 卷卷 juǎnjuǎn | 玄远 xuányuǎn |

uen[uən]

发音时,由圆唇的后高元音u[u]开始,向央元音e[ə]的位置滑降,然后舌位升高。发e[ə]后,软腭下降,逐渐增强鼻音色彩,舌尖迅速移到上齿龈,最后抵住上齿龈做出发鼻音-n的状态。唇形由圆唇在向中间折点元音滑动的过程中渐变为展唇。

例字:

| 准 zhǔn | 温 wēn | 笋 sǔn | 顺 shùn | 论 lùn |
| 坤 kūn | 存 cún | 文 wén | 轮 lún | 蠢 chǔn |

例词:

| 昆仑 kūnlún | 温存 wēncún | 温顺 wēnshùn | 论文 lùnwén |
| 馄饨 húntun | 谆谆 zhūnzhūn | 分寸 fēncùn | 伦敦 lúndūn |

汉语拼音方案规定,韵母 uen 和辅音声母相拼时,受声母和声调的影响,中间的元音(韵腹)产生弱化,写作 un。例如:"论"写作 lùn,不写作 luèn。

(2) 后鼻音尾韵母

后鼻音韵母是指鼻韵母中以-ng[ŋ]为韵尾的韵母。普通话中的后鼻音尾韵母有8个,分别是:ang、eng、ing、ong、iang、uang、ueng、iong。ng[ŋ]是舌面后、浊、鼻音,在普通话中只作韵尾不作声母。发音时,软腭下降,关闭口腔,打开鼻腔通道,舌面后部后缩,并抵住软腭,气流颤动声带,从鼻腔通过。在鼻韵母中,同-n的发音一样,-ng除阻阶段也不发音。后鼻音尾韵母的发音中,韵头的发音比较轻短,韵腹的发音清晰响亮,韵尾的发音只做出发音状态。

ang[ɑŋ]

发音时,起点元音是后低不圆唇元音ɑ[ɑ](后 ɑ),口大开,舌尖离开下齿背,舌头后缩。从"后 ɑ"开始,舌面后部抬起,当贴近软腭时,软腭下降,打开鼻腔通路,紧接着舌根与软腭接触,封闭了口腔通路,气流从鼻腔里透出。

例字：

| 钢 gāng | 邦 bāng | 狼 láng | 舱 cāng | 糖 táng |
| 放 fàng | 章 zhāng | 茫 máng | 荡 dàng | 嗓 sǎng |

例词：

帮忙 bāngmáng　　苍茫 cāngmáng　　当场 dāngchǎng　　沧桑 cāngsāng

昂扬 ángyáng　　刚刚 gānggāng　　商场 shāngchǎng　　放荡 fàngdàng

eng[əŋ]

发音时，起点元音是央元音e[ə]。从e[ə]开始，舌面后部抬起，贴向软腭。当两者将要接触时，软腭下降，打开鼻腔通路，紧接着舌面后部抵住软腭，使在口腔受到阻碍的气流从鼻腔里透出。

例字：

| 冷 lěng | 峰 fēng | 僧 sēng | 郑 zhèng | 萌 méng |
| 声 shēng | 城 chéng | 瞪 dèng | 层 céng | 能 néng |

例词：

承蒙 chéngméng　　丰盛 fēngshèng　　更正 gēngzhèng　　萌生 méngshēng

整风 zhěngfēng　　声称 shēngchēng　　冷风 lěngfēng　　省城 shěngchéng

ing[iŋ]

发音时，起点元音是前高不圆唇元音i[i]，舌尖接触下齿背，舌面前部隆起。从i[i]开始，舌面隆起部位不降低，一直后移，舌尖离开下齿背，逐步使舌面后部隆起，贴向软腭。当两者将要接触时，软腭下降，打开鼻腔通路，紧接着舌面后部抵住软腭，封闭口腔通路，气流从鼻腔透出。口形没有明显变化。

例字：

| 清 qīng | 英 yīng | 鸣 míng | 净 jìng | 腥 xīng |
| 庭 tíng | 定 dìng | 赢 yíng | 另 lìng | 凝 níng |

例词：

叮咛 dīngníng　　经营 jīngyíng　　命令 mìnglìng　　评定 píngdìng

硬性 yìngxìng　　清静 qīngjìng　　英明 yīngmíng　　姓名 xìngmíng

ong[uŋ]

发音时，起点元音是后高圆唇元音u[u]，但比u的舌位略低一点，舌尖离开下齿背，舌头后缩，舌面后部隆起，软腭上升，关闭鼻腔通路。从u[u]开始，舌面后部贴向软腭，当两者将要接触时，软腭下降，打开鼻腔通路，紧接着舌面后部抵住软腭，封闭口腔通路，气流从鼻腔里透出。唇形始终拢圆。

例字：

冻 dòng	共 gòng	融 róng	丛 cóng	浓 nóng
重 zhòng	同 tóng	拢 lǒng	松 sōng	宠 chǒng

例词：

共同 gòngtóng　　轰动 hōngdòng　　空洞 kōngdòng　　隆重 lóngzhòng

松茸 sōngróng　　通融 tōngróng　　从容 cóngróng　　童工 tónggōng

iang[iaŋ]

发音时，由前高不圆唇元音 i[i] 开始，舌位向后滑降到后低元音 a[ɑ]（后 ɑ），然后舌位升高。从后低元音 a[ɑ] 开始，舌面后部贴向软腭。当两者将要接触时，软腭下降，打开鼻腔通路，紧接着舌面后部抵住软腭，封闭口腔通路，气流从鼻腔里透出。

例字：

香 xiāng	样 yàng	强 qiáng	杨 yáng	酿 niàng
两 liǎng	呛 qiàng	姜 jiāng	辆 liàng	像 xiàng

例词：

两样 liǎngyàng　　洋相 yángxiàng　　响亮 xiǎngliàng　　长江 chángjiāng

强抢 qiángqiǎng　　踉跄 liàngqiàng　　想象 xiǎngxiàng　　亮相 liàngxiàng

uang[uaŋ]

发音时，由圆唇的后高元音 u[u] 开始，舌位滑降至后低元音 a[ɑ]（后 ɑ），然后舌位升高。从后低元音 a[ɑ] 开始，舌面后部贴向软腭。当两者将要接触时，软腭下降，打开鼻腔通路，紧接着舌面后部抵住软腭，封闭口腔通路，气流从鼻腔里透出。唇形从圆唇在向折点元音的滑动中渐变为展唇。

例字：

光 guāng	筐 kuāng	爽 shuǎng	撞 zhuàng	望 wàng
黄 huáng	框 kuàng	逛 guàng	疮 chuāng	霜 shuāng

例词：

狂妄 kuángwàng　　双簧 shuānghuáng　　状况 zhuàngkuàng　　装潢 zhuānghuáng

张狂 zhāngkuáng　　矿床 kuàngchuáng　　框框 kuàngkuang　　惶惶 huánghuáng

ueng[uəŋ]

发音时，由圆唇的后高元音 u[u] 开始，舌位滑降到央元音 e[ə] 的位置，然后舌位升高。从央元音 e[ə] 开始，舌面后部贴向软腭。当两者将要接触时，软腭下降，打开鼻腔通路，紧接着舌面后部抵住软腭，封闭口腔通路，气流从鼻腔里透出。唇形从圆唇在向中间折点元音滑动过程中渐变为展唇。

在普通话里，韵母 ueng 不与辅音声母相拼，只有一种零声母音节形式 weng。

例字：

翁 wēng　　蓊 wěng　　嗡 wēng　　瓮 wèng　　蕹 wèng　　滃 wěng

例词：

水瓮 shuǐwèng　　蓊郁 wěngyù　　老翁 lǎowēng　　嗡嗡 wēngwēng
蕹菜 wèngcài　　渔翁 yúwēng　　瓮声 wèngshēng　　主人翁 zhǔrénwēng

iong[yŋ]

发音时，起点元音是舌面前高圆唇元音 ü[y]，发 ü[y] 后，软腭下降，打开鼻腔通路，紧接着舌面后部抵住软腭，封闭口腔通路，气流从鼻腔里透出。

为避免字母相混，《汉语拼音方案》规定，用字母 io 表示起点元音 ü[y]，写作 iong。

例字：

用 yòng　　熊 xióng　　穷 qióng　　囧 jiǒng　　琼 qióng
窘 jiǒng　　凶 xiōng　　涌 yǒng　　兄 xiōng　　炅 jiǒng

例词：

炯炯 jiǒngjiǒng　　汹涌 xiōngyǒng　　茕茕 qióngqióng　　囧囧 jiǒngjiǒng
使用 shǐyòng　　熊熊 xióngxióng　　歌咏 gēyǒng　　悚恿 sǒngyǒng

四、韵母辨正

（一）前鼻音韵母和后鼻音韵母辨正

1. 掌握前鼻音韵母和后鼻音韵母的发音

由于受方言的影响，除北方方言区的东北华北次方言区外，其他各方言区都存在前后鼻韵母不分或混读的情况，主要表现为以下两种情况：

第一，前后鼻韵母不分。一般比较多的是 en-eng、in-ing 不分，如江淮方言区、及大部分南方方言区；有些地区 an-ang 也不分，如西南方言区、闽方言区、粤方言区。

第二，鼻化元音。部分方言区的人发鼻韵母时，习惯发元音时气流就通过鼻腔，使元音鼻化，鼻韵母整体带有很重的鼻音色彩。主要是西北方言区，南方的闽方言、粤方言也有部分地区有鼻化音。

前后鼻韵母的发音要领：

发前鼻韵母时先发元音，同时舌头逐渐向前伸，最后舌尖上贴于上齿龈，阻塞气流，使声音和气息从鼻腔发出，发出前鼻音。整个发音过程中，舌头较为放松，略

向前运动。

发后鼻音时先发元音,同时舌头后缩,舌根逐渐隆起与软腭接触形成阻塞,使声音和气息从鼻腔通过,发出后鼻韵母。整个发音过程中,舌头整体比较紧张,向后拖动、后缩。

2. 前鼻音韵母和后鼻音韵母辨音练习

(1) 鼻韵母发音动程练习

a→n＝an(漫谈)　　　　e→n＝en(深圳)　　　　i→n＝in(殷勤)
a→ng＝ang(商场)　　　e→ng＝eng(丰盛)　　　i→ng＝ing(宁静)

(2) 单音节对比练习

an—ang

| 安—肮 | 班—帮 | 判—胖 | 燃—瓤 | 含—航 |
| 谈—糖 | 饭—放 | 淡—荡 | 蛮—忙 | 蓝—狼 |

ian—iang

| 严—扬 | 练—亮 | 念—酿 | 线—向 | 见—将 |
| 前—强 | 贤—祥 | 检—讲 | 签—枪 | 显—想 |

uan—uang

| 船—床 | 官—光 | 换—晃 | 砖—装 | 穿—窗 |
| 碗—网 | 宽—筐 | 栓—双 | 赚—撞 | 环—黄 |

en—eng

| 笨—迸 | 盆—棚 | 门—盟 | 分—风 | 扽—凳 |
| 嫩—能 | 跟—耕 | 肯—坑 | 痕—衡 | 真—睁 |

uen—ueng

| 温—翁 | 问—瓮 | 吻—蓊 | 瘟—滃 | 汶—瓮 |

in—ing

| 宾—兵 | 贫—平 | 民—名 | 您—凝 | 林—灵 |
| 近—竟 | 亲—清 | 新—星 | 音—鹰 | 金—精 |

uen—ong

| 炖—冻 | 吞—通 | 孙—松 | 尊—宗 | 存—从 |
| 准—种 | 春—冲 | 润—荣 | 论—弄 | 村—葱 |

ün—iong

| 运—用 | 群—穷 | 寻—熊 | 晕—拥 | 裙—穷 |

（3）双音节对比练习

an—an

| 灿烂 | 肝胆 | 泛滥 | 展览 | 汗衫 | 反叛 |
| 单产 | 蛮干 | 栏杆 | 翻案 | 难看 | 寒颤 |

an—ang

| 单方 | 繁忙 | 赞赏 | 山羊 | 赶场 | 玩赏 |
| 返航 | 担当 | 擅长 | 反常 | 胆囊 | 站岗 |

ang—an

| 浪漫 | 当晚 | 长叹 | 帮办 | 盎然 | 防寒 |
| 杠杆 | 商贩 | 伤感 | 钢板 | 畅谈 | 商谈 |

ang—ang

| 苍茫 | 蟑螂 | 往常 | 商场 | 荡漾 | 盲肠 |
| 账房 | 烫伤 | 上场 | 党章 | 沧桑 | 帮忙 |

en—en

| 珍本 | 愤懑 | 认真 | 深沉 | 振奋 | 本分 |
| 沉闷 | 粉尘 | 愤恨 | 人文 | 审慎 | 门诊 |

en—eng

| 真诚 | 本能 | 深层 | 奔腾 | 真正 | 神圣 |
| 门缝 | 人称 | 人生 | 晨风 | 分封 | 纷争 |

eng—en

| 成本 | 登门 | 承认 | 诚恳 | 正文 | 生根 |
| 省份 | 缝纫 | 能人 | 胜任 | 横亘 | 憎恨 |

eng—eng

| 风声 | 吭声 | 冷风 | 萌生 | 升腾 | 声称 |
| 增生 | 争锋 | 省城 | 更正 | 整风 | 丰盛 |

in—in

| 濒临 | 尽心 | 紧邻 | 民心 | 拼音 | 贫民 |
| 亲临 | 殷勤 | 辛勤 | 临近 | 薪金 | 近亲 |

in—ing

| 心情 | 禁令 | 新兴 | 民警 | 品行 | 聘请 |
| 进行 | 隐形 | 心境 | 尽情 | 拼命 | 心病 |

ing—in

| 听信 | 灵敏 | 清新 | 挺进 | 平民 | 迎新 |
| 警民 | 精心 | 病因 | 轻信 | 京津 | 倾心 |

ing—ing

| 英明 | 姓名 | 情形 | 命令 | 蜻蜓 | 情境 |
| 兵营 | 经营 | 精明 | 聆听 | 评定 | 轻盈 |

(4) 交叉对比练习

an—ang

| 烂漫—浪漫 | 反问—访问 | 赞颂—葬送 | 开饭—开放 | 担心—当心 |
| 心烦—心房 | 散失—丧失 | 产房—厂房 | 惋惜—往昔 | 山口—伤口 |

en—eng

| 陈旧—成就 | 真理—争理 | 申明—声明 | 木盆—木棚 | 清真—清蒸 |
| 瓜分—刮风 | 绅士—声势 | 人参—人生 | 诊治—整治 | 沉积—乘机 |

in—ing

| 亲生—轻生 | 金质—精致 | 人民—人名 | 信服—幸福 | 频繁—平凡 |
| 民心—明星 | 禁止—静止 | 寝室—请示 | 信服—幸福 | 引子—影子 |

ian—iang

| 鲜花—香花 | 简历—奖励 | 试验—式样 | 燕子—样子 | 廉价—粮价 |
| 老年—老娘 | 坚硬—僵硬 | 仙姑—香菇 | 白盐—白杨 | 抽签—抽枪 |

uan—uang

| 船上—床上 | 机关—激光 | 不欢—不慌 | 环节—黄杰 | 金环—金黄 |
| 专车—装车 | 晚年—往年 | 手腕—守望 | 传单—床单 | 还清—皇亲 |

uen—ong

| 伦敦—隆冬 | 馄饨—宏通 | 大屯—大同 | 矛盾—猫洞 | 孙子—松子 |
| 抡起—隆起 | 昆仑—恐龙 | 春色—充塞 | 孙山—嵩山 | 炖豆腐—冻豆腐 |

ün—iong

| 运费—用费 | 寻衅—雄性 | 晕倒—拥倒 | 寻机—雄鸡 | 因循—英雄 |
| 人群—人穷 | 运力—用力 | 勋章—胸章 | 军人—囚人 | 运到—涌到 |

(5) 语句练习

我常想读书人是世间幸福人,因为他除了拥有现实的世界之外,还拥有另一个更为浩瀚也更为丰富的世界。

水对今天的生命是如此重要,它对脆弱的原始生命,更是举足轻重了。生命在海洋里诞生,就不会有缺水之忧。

(6) 绕口令

长江上有船,船上有床,床上有床单,床单上有传单,传单在床单上,床单在床上,床在船上,船在长江上。

高高山上一根藤,青青藤条挂金铃。风吹藤动金铃响,风停藤静铃不鸣。

陈是陈，程是程，姓陈不能说成姓程，姓程不能说成姓陈，陈程不分就会认错人。

你会炖炖冻豆腐，你来炖我的冻豆腐；你不会炖炖冻豆腐，别胡炖乱炖，炖坏了我的冻豆腐。

3. 记忆方法

发准前后鼻韵母，还需要记住哪些字是前鼻韵母，哪些字是后鼻韵母，这样才能真正掌握前后鼻韵母。

（1）利用普通话声韵拼合规律

普通话中 d、t、n、l 不和前鼻韵母 en 相拼（"扽"和"嫩"例外），故方言中相拼的都改为后鼻韵母。如"等、灯、疼、腾、冷、愣"的韵母一定是 eng。

普通话中 d、t、n 不和前鼻韵母 in 相拼（"您"例外），故方言中相拼的都改为后鼻韵母。如"顶、钉、听、挺"的韵母一定是 ing。

普通话中 z、c、s、d、t、n、l 不和韵母 uang 相拼，故方言中相拼的都改为韵母 uan。如"钻、窜、酸、段、团、暖、乱"的韵母是 uan。

（2）利用形声字声旁类推

分(n)：份 芬 粉 纷 忿 盆　　正(ng)：整 征 怔 证 政 症
申(n)：伸 婶 神 审 绅 砷　　成(ng)：盛 城 诚 晟 珹 铖
林(n)：淋 霖 琳 啉 綝 箖　　青(ng)：请 清 情 晴 蜻 氰

要注意记住少数例外的字。例如："并(ng)"声旁中的"拼"和"姘"念为"pīn"，"令 ng"声旁中的"邻"和"拎"读作前鼻音"in"。

（3）利用记少数的方法

普通话中有些声母和某一个鼻韵母拼合的字很少，记住这些少数的字，就可推断出其他的。如和 en 相拼字数较少的有：zen（怎）、cen（参、岑、涔）、sen（森）、nen（嫩）、gen（跟、根、亘）；和 in 相拼字数较少的有：nin（您）；和 eng 相拼字数较少的有：reng（仍、扔）。记住这些字，其他相对应的字也就可以推知出来了。

（二）圆唇音与不圆唇音辨正

1. 掌握圆唇音与不圆唇音的发音

有些方言中 i、ü 不分，主要是西南方言、客家方言、闽方言、粤方言的部分地区；有些方言中 o、e 不分，或者把 eng 发成 ong，主要是北方方言区。这几组韵母发音的差异主要在开头元音的口形上：一个是圆唇音，如 ü、o；另一个是不圆唇音，如 i、e。圆唇音发音时，嘴唇需慢慢拢圆；不圆唇音发音时，嘴唇自然展开。发音时可进行对比训练，先展开嘴唇发不圆唇音（i、e），然后舌位不动，慢慢聚拢嘴唇，发出圆唇音(ü、o)。

2. 圆唇音与不圆唇音辨音练习

(1) i—ü

① 单音节对比练习

拟—女　　利—率　　寄—聚　　起—取　　斜—穴
逸—豫　　聂—虐　　节—决　　窃—确　　列—略

② 双音节对比练习

抑郁　　崎岖　　利率　　碧绿　　地区
寓意　　娶妻　　虚拟　　履历　　氯气

③ 绕口令

文化宫里真有趣：有曲艺，有体育，有杂技，有棋局。文艺室里有谜语，音乐室里习乐器，河南豫剧，驴皮影戏。节目丰富仅举例，观众济济无虚席，表演认真不遗余力，精彩无比极可喜。

一头驴，驮框梨，驴一跑，滚了梨。驴跑梨滚梨绊驴，梨绊驴蹄驴踢梨。

(2) ian—üan

① 单音节对比练习

严—元　　建—眷　　厌—怨　　烟—渊　　先—宣
兼—捐　　钱—权　　眼—远　　严—圆　　弦—玄

② 双音节对比练习

怨言　　捐献　　田园　　厌倦　　健全
眷恋　　权限　　线圈　　宣言　　边远

③ 绕口令

山前住着阎圆眼，山后住着阎眼圆，二人山前来比眼，不知是阎圆眼比阎眼圆的眼圆，还是阎眼圆比阎圆眼的眼圆。

(3) eng—ong

① 单音节对比练习

疼—铜　　冷—拢　　正—重　　能—农　　更—公
瞪—冻　　成—虫　　挣—种　　藤—童　　棱—弄

② 双音节对比练习

腾空　　冷冻　　正宗　　赠送　　耕种
统称　　重逢　　纵横　　空等　　中风

③ 绕口令

走如风，站如松，坐如钟，睡如弓。风、松、钟、弓，弓、钟、松、风，连念七遍口齿清。

朦胧彩霓虹,玲珑小聋童。聋童采柠檬,聋童不懵懂。

一条裤子七道缝,横缝上面缝竖缝,缝了横缝缝竖缝,缝了竖缝缝横缝。

(三) 注意复(鼻)韵母的出字与归音

有些方言区发音时常会丢失韵头,主要是 i、u、ü。还有些方言区会丢失韵尾,或韵尾发不到位置,造成归音不全,形成语音错误或缺陷。纠正的方法就是通过放慢几个元音(元音和辅音)的合音过程,体会复(鼻)韵母的发音动程,做到吐字清晰,归音完整。

1. 词语练习

黑白	栽培	悲哀	暧昧	海内
招收	矛头	高手	好受	壕沟
酬劳	柔道	手稿	首脑	头号
漂流	调酒	郊游	娇羞	校友
留校	柳条	扭腰	求教	油条
踹腿	怪味	坏水	衰微	歪嘴
毁坏	腿快	追怀	嘴快	最坏

2. 绕口令

清早上街走,走到周家大门口,门里跳出一只大黄狗,朝着我哇哇吼。我拾起石头打黄狗,黄狗跳起来就咬我的手。

山前住着梅粗腿,山后住着梅腿粗,二人山前来比腿,不知是梅粗腿比梅腿粗的腿粗,还是梅腿粗比梅粗腿的腿粗。

附录一 常用普通话前后鼻音韵母声旁字

en 韵母

贲——喷愤

本——笨

参——参(参差)参(人参)掺

辰——振赈震晨娠蜃

分——盆芬吩纷氛汾粉份忿

艮——根跟垦恳痕很狠恨

肯——啃

门——闷们扪焖

壬——任荏饪妊

刃——忍仞纫韧轫

申——伸呻绅砷神审婶

甚——斟葚

贞——侦祯桢帧

珍——诊疹趁

真——缜镇嗔慎

枕——忱沈

eng 韵母

丞——蒸拯

成——诚城盛

呈——程醒逞

乘——剩嵊

登——橙蹬凳磴镫瞪澄

风——枫疯讽

峰——蓬篷烽蜂逢缝

奉——捧俸

更——埂绠哽梗鲠

庚——赓

亨——烹哼

塄——楞愣

蒙——礞檬朦蠓

孟——猛锰蜢

朋——崩绷蹦棚硼鹏

彭——澎膨

生——牲甥笙胜

誊——腾滕藤

曾——憎增缯赠蹭僧

争——挣峥狰睁铮等诤

正——怔征症整证政惩

in 韵母

宾——傧滨缤槟镔摈殡髌嫔("槟"又念 bīng)

今——衿矜妗衾琴芩吟

斤——近靳芹忻欣新薪("听"读作 tīng)

堇——谨馑瑾槿勤鄞

尽——烬

禁——襟噤

林——彬淋琳霖

粼——邻(鄰)辚遴磷鳞鱗

民——岷泯抿

侵——浸寝

禽——擒噙

心——沁芯

辛——亲莘(莘庄)锌("莘"又念 shēn,"莘莘学子";"亲"又念 qìng,"亲家")

因——茵姻氤铟

阴——荫

ing 韵母

丙——炳柄病

并——饼屏瓶("拼""姘"念 pīn,"骈""胼"念 pián)

丁——仃疗盯钉酊顶订厅汀

定——腚碇锭

京——惊鲸黥

茎——泾经到颈劲胫径痉轻氢("劲"又念 jìn,"干劲";"颈"又念 gěng,"脖颈子")

景——憬影

竟——境镜

敬——儆警擎

凌——陵菱峻绫

令——伶泠苓玲瓴铃聆蛉翎零龄岭领("邻(鄰)"念 lín,"拎"念 līn)

名——茗铭

冥——溟螟瞑

宁——拧咛狞柠泞

平——评苹坪枰萍

青——菁睛精靖静清蜻鲭情晴氰请

廷——庭蜓霆挺梃铤艇

亭——停葶婷

形——荆刑邢型

英——英瑛

婴——撄嘤缨樱鹦

营——莺荧莹萤营萦

第四节　普通话声调

汉语是有声调的语言,声调反映着普通话或任何一种汉语方言语音的基本特征。因此,声调作为能区别意义的音高变化,它在汉语语音系统中具有特殊的重要地位。

一、声调的性质和作用

声调是指音节中具有区别意义作用的音高变化,是音节的高低升降形式,是汉语音节中不可缺少的组成部分。比如"八、拔、把、爸"四个音节的差异,就在于音高的高低升降的变化不同。

声调的主要作用是区别意义。相同的音节组合,音高变化不同决定了它们的意义不同。比如"可气、客气"和"兄长、熊掌"这两组词语虽然声母、韵母相同,但语义有别,就是靠声调来区别的。

二、调值和调类

汉语的声调一般可以从调值和调类两个方面来分析。

调值是指音节的高低、升降、曲折、长短的变化形式,即声调的实际读法。例如"天"(tiān)这个音节读高平调,"好"(hǎo)这个音节读先降后升的曲折调,这里的"高平""曲折"就是指声调的调值。普通话的调值有四种,即平调、升调、降调、曲折调。

描写普通话调值一般采用赵元任先生的"五度标记法"。先用一根竖线作为比较线,均分为四格,分别表示"高、半高、中、半低、低"五度,依次用"5、4、3、2、1"来代表。然后在比较线的左边用曲线或直线表示音节的相对音高变化形式和升降幅度。用五度标记法来标记普通话的四声,如图所示:

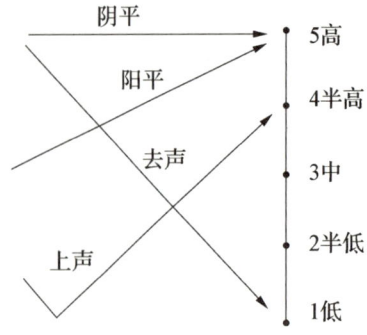

调类即声调的种类,把调值相同的字归在一起所建立的类。从上图可以看出普通话语音有四种调类,传统的名称是:阴平(55)、阳平(35)、上(shǎng)声(214)、去声(51),也可简单地称为:一声、二声、三声、四声。

普通话声调表

调类	调型	调值	声调符号
阴平	高平调	55	—
阳平	中升调	35	/
上声	降升调	214	∨
去声	全降调	51	\

三、普通话声调的发音

(一) 阴平(第一声)

高平调,发音时高而平直,基本没有升降变化,即由5度到5度,调值为55。

例字:

| 拉 lā | 天 tiān | 掐 qiā | 中 zhōng | 吹 chuī |
| 辉 huī | 间 jiān | 七 qī | 高 gāo | 音 yīn |

例词:

| 春天 chūntiān | 花开 huākāi | 新屋 xīnwū | 出租 chūzū |
| 江山 jiāngshān | 多娇 duōjiāo | 公司 gōngsī | 通知 tōngzhī |

(二) 阳平(第二声)

中升调,由中音升到高音,即由3度上升到5度,调值为35。

例字:

| 还 hái | 阳 yáng | 程 chéng | 名 míng | 全 quán |
| 橱 chú | 情 qíng | 留 liú | 元 yuán | 扛 káng |

例词:

| 人民 rénmín | 团结 tuánjié | 圆形 yuánxíng | 循环 xúnhuán |
| 连年 liánnián | 和平 hépíng | 农民 nóngmín | 犁田 lítián |

(三) 上声(第三声)

降升调,由半低音先降到低音再升到半高音,即由 2 度降到 1 度再升到 4 度,调值为 214。

例字:

| 好 hǎo | 场 chǎng | 里 lǐ | 演 yǎn | 晓 xiǎo |
| 可 kě | 远 yuǎn | 酒 jiǔ | 许 xǔ | 柳 liǔ |

例词:

| 远景 yuǎnjǐng | 美好 měihǎo | 彼此 bǐcǐ | 理解 lǐjiě |
| 理想 lǐxiǎng | 美满 měimǎn | 把柄 bǎbǐng | 饱满 bǎomǎn |

(四) 去声(第四声)

全降调,由高音降到低音,即由 5 度降到 1 度,调值为 51。

例字:

| 饿 è | 付 fù | 去 qù | 顺 shùn | 案 àn |
| 现 xiàn | 派 pài | 数 shù | 正 zhèng | 庆 qìng |

例词:

| 下次 xiàcì | 注意 zhùyì | 胜利 shènglì | 在望 zàiwàng |
| 报告 bàogào | 抱歉 bàoqiàn | 路线 lùxiàn | 正确 zhèngquè |

四、声调辨正

普通话语音和汉语方言的主要区别在于声调的不同,学习普通话必须突破声调关。方言声调与普通话声调的差异主要表现在三个方面:一是声调种类的多少不同;二是声调的调值不同;三是方言跟普通话之间各类声调所包含的字不尽相同。方言区的人学习普通话声调应当注意以下问题:

(一) 分清普通话调类

普通话有阴平、阳平、上声、去声四种声调,也就是四种调类。方言调类与普通话相比,有的比普通话调类少,有的比普通话调类多。一般北方方言区的声调类别较少,多为 3~5 个。南方方言区的声调类别较多,一般在 6~8 个,多的甚至达到 10 个,而且多有入声字。学习时应注意方言声调和普通话声调的对应关系,具体可参考以下的《汉语方言声调对照表》。

汉语方言声调对照表

方言区	古调类 例字 地名	平声 天	平声 平	上声 古	上声 老	上声 近	去声 放	去声 大	入声 急	入声 各	入声 六	入声 杂	声调数
					调值和调类								
北方方言区	普通话（北京）	阴平55	阳平35	上声214			去声51		入声分别归阴、阳、上、去				4
	沈阳	阴平44	阳平35	上声213			去声41		入声分别归阴、阳、去				4
	济南	阴平213	阳平42	上声55			去声31		同上				4
	滦县	平声11		上声213			去声55		入声分别归平、上、去				3
	烟台	平声31		上声214			去声55		同上				3
	徐州	阴平313	阳平55	上声35			去声51		入声分别归阴、阳				4
	南京	阴平31	阳平13	上声22			去声44		入声5				4
	成都	阴平44	阳平41	上声52			去声13		入声分别归平				4
吴方言区	苏州	阴平44	阳平13	上声52	归阳去		阴去412	阳去31	24 阴入5		阳入2		7
	无锡	阴平55	阳平14	阴上324	阳上33		阳去35	阳去213	阴入5		阳入2		8
	上海	阴平54	阳平24	上声33	归上声		归阳平	阴入5	阳入2		5		
湘方言区	长沙	阴平33	阳平13	上声41			阴去55	阳去11	入声24				6
赣方言区	南昌	阴平43	阳平24	上声213			阴去55	阳去31	入声5				6
客家方言区	梅县	阴平44	阳平11	上声31			去声42	阴入21	阳入4				6
闽方言区	福州	阴平44	阳平52	上声31			阳去242	阴去213	阳去242	阴入23		阳入4	7
	厦门	阴平55	阳平24	上声51			阳去33	阴去11	阳去33	阴入32		阳入5	7
粤方言区	广州	阴平55 平53	阳平21 平11	阴上35		阳上13	阴去33	阳去22	上阴入55	上阴入33	阳入22		9
	玉林	阴平54	阳平32	阴上33	阴上23		阴去52	阳去21	上阴入55	上阴入33	上阳入12	下阳入11	10

(二) 读准普通话调值

同一调类的调值在不同方言中也存在着很大的差别。因此,读准普通话四声的调值十分重要。

1. 单音节声调对比练习

阴平—阳平	音—银	包—薄	稍—韶	飘—瓢	吞—豚
阴平—上声	敲—巧	声—省	争—整	高—搞	褒—奖
阴平—去声	飞—费	师—事	专—转	编—变	轻—庆
阳平—阴平	年—拈	防—芳	毒—都	国—郭	存—村
阳平—上声	熟—鼠	毛—卯	原—远	形—醒	活—伙
阳平—去声	同—痛	巡—讯	白—拜	旋—炫	神—肾
上声—阴平	首—收	导—刀	北—悲	喊—憨	假—家
上声—阳平	厂—长	狠—痕	两—梁	满—瞒	品—贫
上声—去声	把—霸	柏—败	保—报	比—碧	本—笨
去声—阴平	四—撕	画—花	拜—掰	上—伤	室—只
去声—阳平	大—答	痛—佟	上—伤	性—行	怅—常
去声—上声	呐—哪	舅—久	懊—袄	寄—挤	业—野

2. 双音节声调练习

阴平—阳平

安排　飘扬　聪明　公平　光明

阴平—上声

发展　生产　争取　歌曲　资产

阴平—去声

通讯　观众　音乐　规范　歌颂

阳平—阴平

农村　节约　平安　年轻　国歌

阳平—上声

诚恳　邻里　请柬　读者　情感

阳平—去声

文件　勤奋　防范　前进　结论

上声—阴平

演播　首都　组装　指标　减轻

上声—阳平

朗读　指南　补习　主持　语言

上声—去声
理论　　组建　　想象　　举例　　访问
去声—阴平
办公　　认真　　录音　　特约　　贵宾
去声—阳平
电台　　特别　　自然　　配合　　调查
去声—上声
重点　　记者　　问好　　戏曲　　特写

第五节　普通话语流音变

一、什么是语流音变

发准普通话声母、韵母、声调并不表示说的就是标准、地道的普通话，因为人们在使用语言进行交际时，并不是孤立地发出一个个音节，而是把多个音节连续说出，形成表意的语流。在语流中，音节和音节、音素和音素、声调和声调之间相互影响，或多或少地发生语音变化，这些变化就是普通话中的语流音变。

普通话中的语流音变主要包括变调、轻声、儿化、语气词"啊"的音变等。

普通话水平测试中，"读多音节词语"测试项中开始出现音节连读，对考生语流音变中的变调、轻声、儿化等运用能力进行考察。

二、普通话中的语流音变

(一) 变调

变调，顾名思义就是几个音节连续发音时，有些音节的声调互相影响，调值发生变化的音变现象，一般指多音节词语中前面音节受后面音节的影响，基本调值发生变化。

变调主要包括上声变调、"一"和"不"的变调。

1. 上声变调

上声的调值是214，其音高的变化形式是先降后升，四个声调中上声的音长最长,在与其他声调音节连续发音时显得不和谐,因此人们在口语中习惯变调。上声在单念或者出现在词语、句子的末尾时不发生变调,其他情况下,都会受到其后一个音节声调的影响发生音变。

上声的变调规则主要有:

(1) 非上前面念半上。即上声在非上声(阴平、阳平、去声、轻声)前面,它就读为原调值的一半,丢掉原调值中上升的后半部分,调值由 214 变为 21。例如:

礼花　导师　北方　补充　首都(上声＋阴平→半上＋阴平)
厂房　狠毒　导游　满足　旅行(上声＋阳平→半上＋阳平)
柏树　保证　比较　本质　采购(上声＋去声→半上＋去声)
喜欢　嘴巴　老爷　老实　脊梁(上声＋轻声→半上＋轻声)

(2) 两上相连前上变阳平。两个上声相连,前一个上声变为阳平,调值由 214 变为 35,后一个上声调值不变,仍为 214。例如:

理想　美好　永远　野草　可口(上声＋上声→阳平＋上声)
岛屿　好久　稿纸　广场　采访(上声＋上声→阳平＋上声)

(3) 三上相连分两种情况:

① 双单格:即"双音节＋单音节"的格式。如:展览/馆、洗脸/水、手表/厂、演讲/稿,前两个上声变阳平,调值为 35,后一个不变,调值为 214。

双＋单→阳平＋阳平＋上声

选举法　表演场　蒙古语　洗脸水　勇敢者
跑马表　水彩笔　虎骨酒　手表厂　手写体

② 单双格:即"单音节＋双音节"的格式。例如:纸/老虎、柳/厂长、纸/雨伞、孔/乙己,第一个上声念半上,调值为 21,第二个上声念阳平,调值为 35,第三个上声不变,调值为 214。

单＋双→半上＋阳平＋上声

小老虎　柳厂长　党小组　纸雨伞　老保守
小两口　米老鼠　孔乙己　李小姐　冷处理

(4) 一串上声相连,先要按语意切分(两字组或三字组),然后再按上面几条规律变调。例如:

我有/几把/纸雨伞。

请你/给我/找找/纸雨伞。

2. "一"和"不"的变调

(1) "一"的变调

"一"的原调是阴平 55,在单念、句子末尾,以及表时间、序数时念原调,例如:

"一"最好写、九九归一、1919年1月1日、我住一号楼。其他情况下都念变调。

① 非去声前面念去声51。即"一"在非去声(阴平、阳平、上声)前面,念成去声51。例如:

一端　　一边　　一根　　一张　　一腔（一＋阴平→去声＋阴平）
一旁　　一流　　一条　　一来　　一同（一＋阳平→去声＋阳平）
一体　　一早　　一碗　　一盏　　一捆（一＋上声→去声＋上声）

② 去声前面念阳平35。即"一"在去声前面,念成阳平调。例如:

一定　　一度　　一贯　　一面　　一个（一＋去声→阳平＋去声）

③ 夹在重叠式动词之间,"一"读得近乎轻声。例如:

尝一尝　　看一看　　想一想　　听一听　　写一写
试一试　　谈一谈　　走一走　　摸一摸　　舔一舔

(2)"不"的变调

"不"的原调是去声51,其变调规则和"一"基本相同。

① 非去声前面念去声51。即"一"在非去声(阴平、阳平、上声)前面,念原调51。例如:

不光　　不禁　　不惜　　不屈　　不甘（不＋阴平→去声＋阴平）
不曾　　不妨　　不服　　不合　　不能（不＋阳平→去声＋阳平）
不管　　不仅　　不满　　不免　　不好（不＋上声→去声＋上声）

② 去声前面念阳平35。即"不"在去声前面,念成阳平调。例如:

不定　　不快　　不料　　不论　　不但（不＋去声→阳平＋去声）

③ 夹在重叠式动词、形容词之间或者动补式词语中间,"不"读得近乎轻声。例如:

吃不吃　　走不走　　穿不穿　　买不买（夹在重叠动词之间）
苦不苦　　甜不甜　　油不油　　稀不稀（夹在形容词之间）
完不成　　做不好　　打不开　　起不来（夹在动补式词语之间）

(3)"一"、"不"变调综合练习

① 成语练习

一生一世　　一阴一阳　　一上一下　　一五一十　　一字一句
不自量力　　不胫而走　　不耻下问　　不言而喻　　不屑一顾

② 儿歌练习

一个大,一个小,一件衣服一顶帽。一边多,一边少,一打铅笔一把刀。一个大,一个小,一只西瓜一棵枣。一边多,一边少,一盒饼干一块糕。

不怕不会,就怕不学,一回学不会再来一回,一直到学会,我就不信学不会。

③ 作品朗读中"一"和"不"的练习

草木丰茂，一路上泉水时隐时现，泉声不绝于耳。（作品 8 号）

秋天的风，何尝不是一把剪刀呢？（作品 12 号）

莫高窟的彩塑，每一尊都是一件精美的艺术品。（作品 23 号）

我自从会认字后不到几年，就开始读书。（作品 42 号）

（二）轻声

1. 什么是轻声

普通话中有些音节在词语或句子中失去原来的声调，而读成既轻又短的调子，这种现象就是轻声。轻声是一种特殊的音变现象。普通话中的轻声不是第五个调类，它们都是从阴平、阳平、上声、去声四个声调中变化而来，单念时都有原调。轻声音节的读音不能独立存在，只体现在词语或句子中，且轻声音节没有固定的调值，其实际调值需要依靠前一个音节的声调来确定。

2. 轻声的作用

首先，轻声可以区别词义和词性。例如：

兄弟 xiōngdi（弟弟）　　　　　　兄弟 xiōngdì（哥哥和弟弟）

地道 dìdao（真正的，纯粹的）　　地道 dìdào（地下通道）

对头 duìtou（仇敌，名词）　　　　对头 duìtóu（正确，形容词）

厉害 lìhai（程度深，副词或形容词）厉害 lìhài（利和弊，名词）

其次，轻声可以调节语言的节奏，形成抑扬顿挫的美感。

轻声的变化还可以使朗读或说话的节奏趋于变化，节奏明晰，在语流中形成轻重缓急的变化。

3. 轻声的调值

轻声的调值依靠前一个音节的声调来确定，主要有两种形式，《普通话水平测试大纲》中描述为：

(1) 当前面一个音节的声调是阴平、阳平、去声的时候（阴平、阳平、去声＋轻声），后面一个轻声音节的调形是短促的低降调，调值为 31（调值下加短横线表示音长短）。例如：

阴平＋轻声　　先生　　桌子　　哥哥　　姑娘　　休息

阳平＋轻声　　房子　　婆婆　　萝卜　　红的　　头发

去声＋轻声　　丈夫　　困难　　骆驼　　吓唬　　豆腐

(2) 当前面一个音节的声调是上声的时候（上声＋轻声），后面一个轻声音节是短促的半高平调，调值为 44。

上声＋轻声　　斧子　　喜欢　　口袋　　使唤　　喇叭

4. 轻声的规律

从口语实践来看,多数轻声和词汇、语法有关,具有一定的规律性。一般可分为两类:

(1) 有规律的轻声词。主要包括以下几类词语:

① 单音节的语气词"吗、呢、啊、吧"等。例如:行吗？好吧！他呀！

② 助词"的、地、得、着、了、过"等。例如:看了、好得很、吃着、我的、静静地。

③ 词的后缀"子、头、么、们、巴"等。例如:桌子、馒头、我们、尾巴、多么。

④ 方位词后缀,"上、下、面、里、边"等。例如:上面、屋里、地下、外头、箱子里。

⑤ 动词、形容词后面的趋向动词。例如:躺下去、爬起来、回来、滚出去、取回来。

⑥ 单音节名词、动词重叠形式的后一个字。例如:爸爸、妈妈、星星、看看、尝尝。

以上这些有规律的轻声词大都缺乏独立性,具有附着性。

(2) 必读轻声词,即没有规律性的轻声词。根据具体情况可分为两类,一类是有语境的必读轻声词,如"地道、精神、东西"之类,读不读轻声,词义或词性不同,只要放在具体的语境中,就可以确定是否读轻声。一类是无语境的必读轻声词,如"豆腐、女婿、刺猬、队伍、脊梁"等,不管在任何语境中都习惯读轻声。这一类轻声词是普通话中最缺乏规范性的部分,也是普通话水平测试中较难把握的部分,需要加强记忆。

5. 普通话轻声练习

(1) 词语对比练习

非轻声—轻声

| 包含—包涵 | 鄙视—比试 | 报仇—报酬 | 兑付—对付 |
| 服气—福气 | 服饰—服侍 | 核子—盒子 | 手势—首饰 |

(2) 轻声词语练习

巴掌	白净	队伍	本事	废物	差事
裁缝	大方	薄荷	大夫	提防	木匠
牌楼	端详	告诉	累赘	动静	包袱
耽误	富余	朋友	疟疾	晌午	行头

(3) 语句练习

天上日头,嘴里舌头,地上石头,桌上纸头。大腿骨头,小腿趾头,树上枝头,集上市头。

伙计,你搞什么名堂?别那么冒失,免得惹麻烦。有那凑热闹的功夫,还不如老实点学点儿东西呢!

(4) 作品朗读中的轻声词语练习

照北京的老规矩,春节差不多在腊月的初旬就可以了。(作品1号)

但是,聪明的,你告诉我,我们的日子为什么一去不复返呢?(作品3号)

我给孩子们上写作课,让孩子们描摹这秋天的风(作品12号)

在原始社会里,文字还没有创造出来,却先有了歌谣一类的东西。(作品26号)

在它沉默的劳动中,人便得到相应的收成。(作品46号)

(三) 儿化

普通话中的儿化现象主要是由词尾变化而来。卷舌韵母不与声母相拼,只能自成音节,常用的也只有少数的几个字,如"二、而、耳、儿、尔"等。但是 er 经常处于词尾的位置,在口语中常常轻读,渐渐地就和前面的音节连读而产生音变,使"儿"(er)失去了其原有的独立性,"化"到前一个音节上去,只保留一个卷舌动作,使两个音节融合为一个音节,前面音节里的韵母由于附加了一个卷舌动作,或多或少地发生了变化,带有卷舌色彩,称为"儿化韵",这种语音现象就叫"儿化"。

汉语中,儿化词语是两个汉字表示一个音节,儿化音节的拼写是在原音节韵母后面加写一个表示卷舌动作的符号"r",例如:

蒜瓣儿 suànbànr　　脸盘儿 liǎnpánr　　脸蛋儿 liǎndànr

收摊儿 shōutānr　　栅栏儿 zhàlanr　　包干儿 bāogānr

1. 儿化的作用

儿化在表达词汇意义、语法意义和修辞色彩上都具有积极的意义。

(1) 儿化可以区别词义和词性

有些词儿化不儿化意义差别很大,如:"信"是指信息,"信儿"是指消息;"有门"指的是进出的门,"有门儿"指的是希望;"眼"指的是眼睛,"眼儿"指的是小洞。

名词、动词、形容词、量词等加上"儿"后,词性就明显发生了变化,这类词不儿化就是方言的味道,会影响普通话规范的度。如:"盖"是动词,指由上而下地遮盖,蒙上,"盖儿"是名词,指器物上部有遮蔽作用的东西;"个"是量词,指人或事物的个数,"个儿"是名词,指身体或物体的大小;"尖"是形容词,指末端细小,尖锐,"尖儿"是名词,指物体锐利的末端或细小的头儿。

(2) 儿化具有修辞色彩

儿化词可以形容细、小、轻、微的状态和性质,如米粒儿、小孩儿、一点儿、小鱼儿、一会儿、门缝儿、针鼻儿、丁点儿。体积较大的物体一般不能儿化,如"一头大象"就不能说成"一头大象儿"。

儿化词还具有表示温和、喜爱、亲切的感情色彩,如老伴儿、脸蛋儿、儿媳妇儿、红花儿、小孩儿、小曲儿。

2. 儿化的发音

普通话中除 er 韵外,其他韵母均可儿化。韵母儿化后,读音也随之发生变化。儿化韵的基本特征就是卷舌,但在具体的儿化韵中,因受前面音节音素的影响,而使儿化韵各不相同。儿化韵的音变受前一个韵母最后一个音素的影响,其基本原则是便于卷舌的直接卷舌,不便于卷舌的通过变化使其便于卷舌。

儿化的音变规则可以概括为以下五条:

(1) a、o、e、ê、u 收尾的韵母,儿化时主要元音基本不变,韵母直接卷舌。例如:

泪花儿　刀把儿　月牙儿　耳膜儿　粉末儿
被窝儿　贝壳儿　台阶儿　字帖儿　旦角儿

(2) 韵尾是 i、n 的韵母,韵尾脱落,主要元音卷舌。例如:

糖块儿　滋味儿　配对儿　包干儿　小孩儿
手绢儿　赔本儿　病根儿　脚印儿　费劲儿

(3) 韵母是 i、ü 的,韵腹不变,原韵母后加 er。例如:

垫底儿　玩意儿　小鸡儿　米粒儿　针鼻儿
金鱼儿　毛驴儿　小曲儿　痰盂儿　肚脐儿

(4) 韵母是舌尖前韵母 - i(前)和舌尖后韵母 - i(后)的,将韵母改成 er。例如:

挑刺儿　瓜子儿　树枝儿　顶事儿　没事儿
石子儿　没词儿　墨汁儿　锯齿儿　急事儿

(5) 韵尾是 ng 的,丢韵尾、韵腹鼻化,并卷舌。例如:

瓜瓤儿　模样儿　天窗儿　蛋黄儿　抽空儿
酒盅儿　图钉儿　小熊儿　小瓮儿　小葱儿

注意:普通话中有些特殊词语儿化后读音会发生变化,需要进行记忆。

普通话中有的词语后面加上了"er"以后,不仅韵母出现了卷舌现象,其声、韵、调也发生了变化。例如:

早早(zǎozǎo)—早早儿(zǎozāor)

慢慢(mànmàn)—慢慢儿(mànmānr)

桑葚(sāngshèn)—桑葚儿(sāngrènr)

相片(xiàngpiàn)—相片儿(xiàngpiānr)

中间(zhōngjiān)—中间儿(zhōngjiànr)

本色(běnsè)—本色儿(běnshǎir)

还有一些儿化词语是我们经常念错的,也需要加强记忆。例如:

刀把儿 dāobàr　　　脖颈儿 bógěngr　　　旦角儿 dànjuér

一会儿 yīhuìr　　　梨核儿 líhúr　　　小瓮儿 xiǎowèngr

3. 绕口令练习

小女孩儿,红脸蛋儿,红头绳儿,扎小辫儿,黑眼珠儿,滴溜溜儿转,手儿巧,心眼儿好,会做袜子会做鞋儿。能开地儿,能种菜儿,又会浇花儿又做饭儿。

4. 作品朗读中的儿化词语练习

恐怕第三件事才是买各种玩意儿——风筝、空竹、口琴等。(作品1号)

拒马河趁人们看不清它的容貌时豁开了嗓门儿韵味十足地唱呢!(作品29号)

我去爬山那天,正赶上个难得的好天,万里长空,云彩丝儿都不见。(作品32号)

由我看到的那点儿春光,已经可以断定,杭州的春天必定会教人整天生活在诗与图画之中。(作品48号)

(四) 语气词"啊"的音变

普通话中的"啊"有两种用法,一种是独立性很强,常常出现在句首的叹词"啊",它不会产生语流音变现象。一种是出现在句子末尾的语气词"啊",它缺乏独立性,处于语流的末尾,读音常常受到前边音节末尾音素的影响而发生变化。

1. 语气词"啊"的音变规则

(1)"啊"前面一个音节末尾的音素是 a、o、e、ê、i、ü 时,"啊"读作 ya,书面上可以写作"呀"。例如:

关系重大啊!　　　你倒是说啊!　　　多漂亮的家啊!

是你哥哥啊!　　　注意啊!　　　好大的鱼啊!

(2)"啊"前面一个音节末尾的音素是 u 或韵母是 ao、iao 时,"啊"读作 wa,书面上可以写作"哇"。例如:

看书啊!　　　唱得多好啊!　　　真好笑啊!

(3)"啊"前面一个音节末尾的音素是 n 时,"啊"读作 na,也可以写作"哪"。例如:

我的天啊!　　　小心啊!　　　现如今啊!　　　真是鲜润啊!

(4) "啊"前面一个音节末尾的音素是 ng 时,"啊"读作 nga。例如:
花儿好香啊！　　行啊！　　真狂啊！　　衣服真红啊！

(5) "啊"前面一个音节末尾的音素是-i[前]时,"啊"读作[za]。例如:
什么字啊？　　真自私啊！　　三思啊！　　几次啊？　　投资啊！

(6) "啊"前面一个音节末尾的音素是-i[后]、er 时,"啊"读作 ra。例如:
什么事啊？　　窗台儿啊！　　快吃啊！　　唐诗啊！　　是老师啊！

注意:"啊"的音变主要是受前一个音节最后一个音素的影响,发音时是和前一个音节的末尾音素连读,即前一个音节韵尾与"啊"迅速拼合在一起,形成合音。

2. "啊"的音变练习

(1) 词语练习

回家啊	活跃啊	金鱼啊	可爱啊	快写啊
保守啊	参军啊	好人啊	弹琴啊	很凶啊
完成啊	一样啊	写字啊	工资啊	价值啊

(2) 语句练习

一块来啊

鸡啊,鸭啊,猫啊,狗啊,

一块儿水里游啊！

牛啊,羊啊,马啊,骡啊,

一块儿进鸡窝啊！

狼啊,虫啊,虎啊,豹啊,

一块儿街上跑啊！

兔啊,鹿啊,鼠啊,孩儿啊,

一块儿上窗台儿啊！

(3) 作品朗读中的语气词"啊"的练习

太阳他有脚啊,轻轻悄悄地挪移了;我也茫茫然跟着旋转。(作品 3 号)

在它看来,狗该是多么庞大的怪物啊！(作品 22 号)

是啊,请不要见笑。(作品 22 号)

孩子们是多么善于观察这一点啊。(作品 34 号)

第三章 单音节字词测试指导与训练

第一节 单音节字词测试指导

普通话水平测试第一项"读单音节字词",要求应试人在规定时间内朗读100个单音节字词,以测查应试人声母、韵母、声调的标准程度。本项测试限时3.5分钟,总分10分。

正确掌握普通话声母、韵母、声调的发音,克服方言造成的语音错误和缺陷,才能有效提高本项测试成绩。

一、测试要求

读100个单音节字词(不包含轻声、儿化音节),限时3.5分钟,共10分。测查应试人声母、韵母、声调的标准程度。

二、测试范围

100个音节中,70%选自《普通话水平测试实施纲要》(以下简称《纲要》)中"表一",30%选自"表二"。其中每个声母出现次数一般不少于3次,每个韵母出现次数一般不少于2次,4个声调出现次数大致均衡。

三、测试评分

1. 语音错误,每个音节扣0.1分。音节中声母、韵母、声调中任何一个出现错误,即为语音错误。

2. 语音缺陷,每个音节扣0.05分。音节中声母、韵母、声调没有错误,但没有达到标准程度,即为语音缺陷。

3. 超时,未完成音节按语音错误扣分。

四、常见扣分原因分析

1. 语音错误

声母、韵母、声调中任何一个要素读错,即为语音错误。

(1) 受方言影响,读错音节的声母、韵母或声调。如声母中平翘舌音不分、鼻边音不分,韵母中前后鼻音不分,声调中二声、三声相混等。具体语音错误参见第二章相关章节。

(2) 形近字误读。如"日"和"曰""尴"和"尬""奏"和"凑""舂"和"春"等。

(3) 受声旁影响误读。如把"绽"读成"定","绐"读成"处"。

(4) 习惯性误读。如把"亚"读成 yǎ,"穴"读成 xuè,"血"读成"xuě"。

(5) 不识字误读。有些次常用字由于不认识误读,如"寅""湍""剜""啜"等。

2. 语音缺陷

虽然没有将音节读错,但声母、韵母、声调中有些发音没有达到标准程度。

(1) 声母发音部位不准确。如翘舌音偏前或有卷舌色彩,j、q、x 有尖音色彩。

(2) 韵母舌位或唇形不够准确。如前后鼻音发在中间状态,圆唇音圆唇度不足,er 卷舌不自然,吐字归音不到位等。

(3) 声调调值缺陷。如三声 214 调值读成 21,只降不升,或未降到位,第一声 55 读成 44 等。

3. 超时

(1) 故意拖长读音。

(2) 反复确认读音,音节间间隔太长。

(3) 反复纠错。

五、注意事项

1. 横向朗读,注意不要漏字错行。
2. 正常音量朗读,注意不要过高或过低。掌握好朗读速度,避免过快过慢。
3. 朗读时,尽量把音节读完整。声母、韵母清晰饱满,声调调值到位。
4. 个别字词读错,可即时纠正,评分以第二次读音为准。
5. 读完后及时点击"下一题"按钮,进入下一项测试。

第二节　单音节字词测试训练

本节单音节字词训练主要以普通话测试中比较容易读错的音节为主,特别是声母、韵母、声调辨正中易误读的语音问题。通过对比练习,进行发音辨正训练,巩固声母、韵母、声调的发音。

一、声母字词训练

(一) 平舌音 z、c、s 和翘舌音 zh、ch、sh

z—zh

杂(zá)—闸(zhá)　　宰(zǎi)—窄(zhǎi)　　暂(zàn)—湛(zhàn)
藏(zàng)—障(zhàng)　早(zǎo)—沼(zhǎo)　仄(zè)—浙(zhè)
怎(zěn)—疹(zhěn)　　憎(zēng)—蒸(zhēng)　渍(zì)—炙(zhì)

zh—z

盅(zhōng)—宗(zōng)　咒(zhòu)—奏(zòu)　　嘱(zhǔ)—诅(zǔ)
撰(zhuàn)—攥(zuàn)　坠(zhuì)—最(zuì)　　谆(zhūn)—尊(zūn)
朱(zhū)—租(zū)　　　招(zhāo)—糟(zāo)　　章(zhāng)—脏(zāng)

c—ch

擦(cā)—叉(chā)　　　裁(cái)—柴(chái)　　灿(càn)—忏(chàn)
舱(cāng)—昌(chāng)　糙(cāo)—超(chāo)　　测(cè)—撤(chè)
蹭(cèng)—秤(chèng)　祠(cí)—驰(chí)　　　囱(cōng)—春(chōng)

ch—c

臭(chòu)—凑(còu)　　触(chù)—簇(cù)　　　穿(chuān)—蹿(cuān)
炊(chuī)—催(cuī)　　春(chūn)—皴(cūn)　　啜(chuò)—挫(cuò)
串(chuàn)—窜(cuàn)　呈(chéng)—层(céng)　尝(cháng)—藏(cáng)

s—sh

仨(sā)—鲨(shā)　　　鳃(sāi)—筛(shāi)　　伞(sǎn)—闪(shǎn)
嗓(sǎng)—赏(shǎng)　缫(sāo)—烧(shāo)　　瑟(sè)—麝(shè)
森(sēn)—娠(shēn)　　嗣(sì)—嗜(shì)　　　僧(sēng)—甥(shēng)

sh—s

狩(shòu)—嗽(sòu)　　述(shù)—粟(sù)　　　涮(shuàn)—蒜(suàn)

税(shuì)—邃(suì)　　吮(shǔn)—笋(sǔn)　　说(shuō)—唆(suō)
栓(shuān)—酸(suān)　　水(shuǐ)—髓(suǐ)　　山(shān)—三(sān)

（二）鼻音 n 和边音 l

n—l

哪(nǎ)—喇(lǎ)　　奈(nài)—赖(lài)　　楠(nán)—澜(lán)
能(néng)—棱(léng)　　拟(nǐ)—里(lǐ)　　黏(nián)—廉(lián)
酿(niàng)—辆(liàng)　　尿(niào)—瞭(liào)　　啮(niè)—冽(liè)

l—n

禄(lù)—怒(nù)　　卵(luǎn)—暖(nuǎn)　　摞(luò)—糯(nuò)
旅(lǚ)—女(nǚ)　　略(lüè)—疟(nüè)　　篮(lán)—男(nán)
梁(liáng)—娘(niáng)　　陵(líng)—凝(níng)　　龙(lóng)—农(nóng)

（三）唇齿音 f 和舌根音 h

f—h

发(fā)—哈(hā)　　樊(fán)—韩(hán)　　房(fáng)—航(háng)
妃(fēi)—黑(hēi)　　粉(fěn)—很(hěn)　　饭(fàn)—汉(hàn)
符(fú)—湖(hú)　　峰(fēng)—哼(hēng)　　副(fù)—护(hù)

h—f

虎(hǔ)—辅(fǔ)　　吼(hǒu)—否(fǒu)　　夯(hāng)—方(fāng)
呼(hū)—敷(fū)　　衡(héng)—冯(féng)　　痕(hén)—坟(fén)
黑(hēi)—飞(fēi)　　会(huì)—费(fèi)　　花(huā)—发(fā)

（四）翘舌音 r 和边音 l

r—l

然(rán)—蓝(lán)　　瓤(ráng)—廊(láng)　　绕(rào)—涝(lào)
热(rè)—乐(lè)　　仍(réng)—棱(léng)　　容(róng)—聋(lóng)
揉(róu)—楼(lóu)　　儒(rú)—卢(lú)　　软(ruǎn)—卵(luǎn)

l—r

论(lùn)—润(rùn)　　落(luò)—弱(ruò)　　浪(làng)—让(ràng)
垄(lǒng)—冗(rǒng)　　卤(lǔ)—汝(rǔ)　　懒(lǎn)—染(rǎn)
漏(lòu)—肉(ròu)　　老(lǎo)—扰(rǎo)　　龙(lóng)—戎(róng)

（五）舌面音 j、q、x 和平舌音 z、c、s

j—z

鸡(jī)—姿(zī)　　家(jiā)—匝(zā)　　姜(jiāng)—脏(zāng)
脚(jiǎo)—早(zǎo)　节(jié)—责(zé)　　灸(jiǔ)—走(zǒu)
绢(juàn)—攥(zuàn)　窘(jiǒng)—总(zǒng)　见(jiàn)—赞(zàn)

q—c

器(qì)—次(cì)　　掐(qiā)—擦(cā)　　前(qián)—残(cán)
穷(qióng)—从(cóng)　劝(quàn)—窜(cuàn)　掐(qiā)—擦(cā)
签(qiān)—参(cān)　启(qǐ)—此(cǐ)　　妾(qiè)—测(cè)

x—s

西(xī)—斯(sī)　　小(xiǎo)—扫(sǎo)　　细(xì)—四(sì)
需(xū)—苏(sū)　　项(xiàng)—丧(sàng)　炫(xuàn)—算(suàn)
享(xiǎng)—嗓(sǎng)　消(xiāo)—缫(sāo)　熏(xūn)—孙(sūn)

（六）舌面音 j、q、x 和翘舌音 zh、ch、sh

j—zh

基(jī)—知(zhī)　　加(jiā)—扎(zhā)　　酱(jiàng)—账(zhàng)
教(jiāo)—招(zhāo)　姐(jiě)—者(zhě)　　舅(jiù)—咒(zhòu)
倦(juàn)—赚(zhuàn)　炅(jiǒng)—种(zhǒng)　局(jú)—祝(zhù)

q—ch

启(qǐ)—齿(chǐ)　　恰(qià)—岔(chà)　　枪(qiāng)—昌(chāng)
欠(qiàn)—忏(chàn)　强(qiáng)—长(cháng)　掐(qiā)—叉(chā)
权(quán)—船(chuán)　敲(qiāo)—超(chāo)　琼(qióng)—崇(chóng)

x—sh

系(xì)—是(shì)　　校(xiào)—哨(shào)　虾(xiā)—沙(shā)
霄(xiāo)—烧(shāo)　先(xiān)—山(shān)　炫(xuàn)—涮(shuàn)
享(xiǎng)—赏(shǎng)　夏(xià)—厦(shà)　训(xùn)—瞬(shùn)

二、韵母字词训练

（一）前鼻韵母 an、en、in 和后鼻韵母 ang、eng、ing

an—ang

班(bān)—帮(bāng)　　残(cán)—常(cháng)　蛋(dàn)—荡(dàng)

烦(fán)—房(fáng)　肝(gān)—钢(gāng)　韩(hán)—航(háng)
看(kàn)—抗(kàng)　岚(lán)—狼(láng)　满(mǎn)—蟒(mǎng)

ang—an

馕(náng)—南(nán)　庞(páng)—盘(pán)　嚷(rǎng)—冉(rǎn)
桑(sāng)—三(sān)　商(shāng)—衫(shān)　唐(táng)—谈(tán)
藏(cáng)—暂(zàn)　杖(zhàng)—绽(zhàn)　盎(àng)—岸(àn)

en—eng

奔(bēn)—绷(bēng)　岑(cén)—层(céng)　陈(chén)—程(chéng)
粉(fěn)—讽(fěng)　根(gēn)—庚(gēng)　痕(hén)—衡(héng)
门(mén)—蒙(méng)　嫩(nèn)—能(néng)　呻(shēn)—升(shēng)

eng—en

郑(zhèng)—振(zhèn)　彭(péng)—盆(pén)　剩(shèng)—渗(shèn)
僧(sēng)—森(sēn)　仍(réng)—仁(rén)　蓬(péng)—盆(pén)
虹(méng)—门(mén)　风(fēng)—分(fēn)　蹦(bèng)—笨(bèn)

in—ing

斌(bīn)—冰(bīng)　金(jīn)—京(jīng)　鳞(lín)—凌(líng)
民(mín)—冥(míng)　您(nín)—凝(níng)　拼(pīn)—乒(pīng)
擒(qín)—晴(qíng)　鑫(xīn)—腥(xīng)　寅(yín)—赢(yíng)

ing—in

铭(míng)—民(mín)　零(líng)—邻(lín)　晶(jīng)—斤(jīn)
病(bìng)—鬓(bìn)　瓶(píng)—频(pín)　清(qīng)—亲(qīn)
姓(xìng)—信(xìn)　硬(yìng)—印(yìn)　领(lǐng)—凛(lǐn)

（二）圆唇音和不圆唇音

i—ü

急(jí)—局(jú)　理(lǐ)—屡(lǚ)　拟(nǐ)—女(nǚ)
检(jiǎn)—卷(juǎn)　盐(yán)—源(yuán)　显(xiǎn)—癣(xuǎn)
婕(jié)—绝(jué)　茄(qié)—瘸(qué)　谢(xiè)—谑(xuè)

ü—i

屈(qū)—期(qī)　氯(lǜ)—丽(lì)　女(nǚ)—你(nǐ)
员(yuán)—言(yán)　权(quán)—钱(qián)　隽(juàn)—舰(jiàn)
靴(xuē)—些(xiē)　雀(què)—切(qiè)　撅(juē)—秸(jiē)

eng—ong

等(děng)—懂(dǒng)　腾(téng)—彤(tóng)　能(néng)—农(nóng)

冷(lěng)—垄(lǒng)　庚(gēng)—功(gōng)　铿(kēng)—空(kōng)
衡(héng)—鸿(hóng)　蒸(zhēng)—终(zhōng)　橙(chéng)—虫(chóng)

ong—eng

纵(zòng)—赠(zèng)　从(cóng)—层(céng)　松(sōng)—僧(sēng)
供(gòng)—更(gèng)　轰(hōng)—哼(hēng)　肿(zhǒng)—整(zhěng)
舂(chōng)—撑(chēng)　戎(róng)—仍(réng)　瞳(tóng)—疼(téng)

三、声调字词训练

阴平 55

凹(āo)	掰(bāi)	崩(bēng)	蹿(cuān)	磋(cuō)
拆(chāi)	猖(chāng)	抻(chēn)	戳(chuō)	跌(diē)
耕(gēng)	憨(hān)	夯(hāng)	究(jiū)	抠(kōu)
筐(kuāng)	拎(līn)	囔(nāng)	妮(nī)	瞥(piē)
剖(pōu)	掐(qiā)	扔(rēng)	仨(sā)	拴(shuān)
湍(tuān)	翁(wēng)	椰(yē)	咂(zā)	谆(zhūn)

阳平 35

皑(ái)	拔(bá)	层(céng)	柴(chái)	叠(dié)
额(é)	逢(féng)	浑(hún)	颊(jiá)	截(jié)
葵(kuí)	栌(lú)	霾(mái)	蛮(mán)	盟(méng)
挠(náo)	能(néng)	挪(nuó)	瓢(piáo)	蒲(pú)
瘸(qué)	瓤(ráng)	饶(ráo)	赎(shú)	豚(tún)
淆(xiáo)	营(yíng)	凿(záo)	宅(zhái)	卓(zhuó)

上声 214

袄(ǎo)	瘪(biě)	璀(cuǐ)	忖(cǔn)	逞(chěng)
储(chǔ)	歹(dǎi)	盹(dǔn)	讽(fěng)	埂(gěng)
拱(gǒng)	郝(hǎo)	窘(jiǒng)	慨(kǎi)	傀(kuǐ)
喇(lǎ)	凛(lǐn)	卤(lǔ)	裸(luǒ)	卯(mǎo)
渺(miǎo)	馁(něi)	捻(niǎn)	匹(pǐ)	瞟(piǎo)
冗(rǒng)	髓(suǐ)	窕(tiǎo)	妥(tuǒ)	纂(zuǎn)

去声 51

盎(àng)	泵(bèng)	鬓(bìn)	蹭(cèng)	窜(cuàn)
忏(chàn)	啜(chuò)	跺(duò)	扼(è)	奉(fèng)
赣(gàn)	亘(gèn)	眷(juàn)	瞰(kàn)	愣(lèng)

烙(lào)	缪(miào)	酿(niàng)	虐(nüè)	聘(pìn)
歉(qiàn)	沁(qìn)	嗽(sòu)	霎(shà)	涮(shuàn)
榻(tà)	唾(tuò)	瓮(wèng)	谑(xuè)	仄(zè)

四、难读易错单音节字词训练

膘(biāo)	钵(bō)	蹿(cuān)	皴(cūn)	舂(chōng)
掇(duō)	酚(fēn)	氛(fēn)	篙(gāo)	蒿(hāo)
皈(guī)	鼾(hān)	浃(jiā)	撅(juē)	缄(jiān)
龛(kān)	囔(nāng)	蔫(niān)	焉(yān)	瞥(piē)
扦(qiān)	祛(qū)	仨(sā)	鳃(sāi)	缫(sāo)
砷(shēn)	娠(shēn)	倏(shū)	绦(tāo)	剜(wān)
锨(xiān)	喧(xuān)	膺(yīng)	臃(yōng)	咂(zā)
昭(zhāo)	砧(zhēn)	盅(zhōng)	蛊(gǔ)	拙(zhuō)
鳌(áo)	帛(bó)	嘈(cáo)	惩(chéng)	刍(chú)
槌(chuí)	躇(chú)	渎(dú)	氟(fú)	膈(gé)
劾(hé)	涸(hé)	攫(jué)	翎(líng)	潦(liáo)
鳗(mán)	酶(méi)	眸(móu)	黏(nián)	琶(pí)
畦(qí)	琶(pá)	裴(péi)	硼(péng)	毗(pí)
潜(qián)	髓(suǐ)	绥(suí)	筒(tǒng)	韦(wéi)
毋(wú)	涎(xián)	穴(xué)	筵(yán)	疡(yáng)
垠(yín)	萦(yíng)	铀(yóu)	垣(yuán)	啧(zé)
辄(zhé)	蛰(zhé)	苯(běn)	璀(cuǐ)	忖(cǔn)
疸(dǎn)	笃(dǔ)	擀(gǎn)	犷(guǎng)	癸(guǐ)
脊(jǐ)	戟(jǐ)	胛(jiǎ)	睑(jiǎn)	灸(jiǔ)
傀(kuǐ)	儡(lěi)	绺(liǔ)	螨(mǎn)	铆(mǎo)
抿(mǐn)	氖(nǎi)	瞟(piǎo)	顷(qǐng)	绮(qǐ)
怂(sǒng)	髓(suǐ)	悚(sǒng)	獭(tǎ)	侮(wǔ)
饷(xiǎng)	黝(yǒu)	纂(zuǎn)	褶(zhě)	冢(zhǒng)
盎(àng)	坳(ào)	敝(bì)	摈(bìn)	璀(cuǐ)
淬(cuì)	挫(cuò)	锉(cuò)	忏(chàn)	掣(chè)
炽(chì)	啻(chì)	啜(chuò)	玳(dài)	瑁(mào)
惮(dàn)	锭(dìng)	萼(è)	亘(gèn)	梽(zhì)
梏(gù)	豢(huàn)	胫(jìng)	遽(jù)	瞰(kàn)

恪(kè)	脍(kuài)	撂(liào)	擦(luò)	戮(lù)
寐(mèi)	谧(mì)	捺(nà)	廿(niàn)	啮(niè)
蘖(niè)	媲(pì)	惬(qiè)	罄(qìng)	榷(què)
妊(rèn)	卅(sà)	俟(sì)	讪(shàn)	蜃(shèn)
舐(shì)	螫(shì)	狩(shòu)	榻(tà)	嚏(tì)
瓮(wèng)	霰(xiàn)	亵(xiè)	眩(xuàn)	谑(xuè)
釉(yòu)	仄(zè)	攥(zuàn)	炙(zhì)	伫(zhù)
篆(zhuàn)	蘸(zhàn)	跷(qiāo)	矩(jǔ)	臻(zhēn)
缪(miào)	捻(niǎn)	酉(yǒu)	蕊(ruǐ)	滕(téng)
喙(huì)	寅(yín)	癣(xuǎn)	曰(yuē)	戊(wù)
戌(xū)	巳(sì)	厩(jiù)	曳(yè)	绢(juàn)
捋(lǚ)	佟(tóng)	畔(pàn)	踟(chí)	麋(mí)

五、单音节字词模拟试卷

模拟试卷试卷1

一、读单音节字词(100个音节,共10分,限时3.5分钟)

贼	列	枕	次	聋	饼	日	谨	裙	绢
值	冯	炯	咸	呆	卤	僧	扭	肾	抓
盆	战	耳	基	丑	凝	免	外	穷	陋
春	昂	喘	滨	娘	方	购	仍	睡	跟
环	浮	擦	快	滑	渺	疆	台	醒	秘
坑	善	允	逛	甩	照	拨	叠	翁	床
舜	肿	俗	腭	牌	骚	雪	批	洒	锌
瑞	锅	垒	休	谈	目	犬	榻	窝	举
纵	黑	瘸	掏	挪	惹	贝	哑	奏	席
掐	榆	餐	字	考	编	滚	叮	法	破

模拟试卷试卷 2

读单音节字词(100 个音节,共 10 分,限时 3.5 分钟)

匀	鸟	匣	攻	黏	体	材	若	雕	却
砖	磁	搜	短	洼	蜜	午	棍	本	内
窘	盆	鬃	吼	晶	狂	啐	徐	齿	状
我	麻	鲁	翔	怎	枪	拐	抓	塔	秦
闻	邱	粉	崩	阻	篇	隶	买	书	孽
咱	宣	笛	搬	简	乏	跌	嗓	二	旅
辈	昂	拨	陪	特	床	用	擦	雅	唯
日	曰	逃	坤	惩	改	凝	靠	裙	柳
黑	破	禹	鸥	害	盲	括	丝	仍	夸
顶	聊	碳	街	奉	帅	宠	策	飘	晋

模拟试卷试卷 3

读单音节字词(100 个音节,共 10 分,限时 3.5 分钟)

族	瞭	谬	蕊	儿	颇	忙	许	艘	爽
荐	窄	攥	耍	陶	赏	擦	孔	忘	搏
舱	涌	踹	允	嫩	窘	如	谎	侵	底
腊	整	陈	搞	夺	返	尊	奉	憋	恰
推	型	找	隋	阔	肥	宣	娘	卵	钳
日	弥	怒	条	挫	衰	懂	竹	劣	恩
剩	缓	赛	兵	雅	定	心	瓮	特	青
持	办	罚	日	黑	灌	总	哭	卧	死
趋	绉	栽	雷	鸥	男	君	逾	构	撅
形	滚	袜	阁	蹬	河	遍	箱	词	搔

模拟试卷试卷 4

读单音节字词(100 个音节,共 10 分,限时 3.5 分钟)

鬃	曹	逛	迟	蜜	羽	刁	户	登	喘
驳	钧	恒	脱	死	实	比	劫	破	奎
珠	狼	女	倦	苗	枪	软	烁	格	猎
匪	楼	此	丢	快	田	灭	囊	七	政
左	培	呕	青	辨	粮	听	哑	迅	暖
疲	画	笋	歪	罚	申	盾	根	舀	擒
喊	步	沙	蛮	仄	先	窘	挥	儿	虽
热	荣	袜	踩	胸	诊	犯	朽	抄	蛋
怎	刷	景	掐	汞	装	爵	汪	陇	阅
癣	充	稿	冯	鳌	挎	宅	捺	粗	卖

模拟试卷试卷 5

读单音节字词(100 个音节,共 10 分,限时 3.5 分钟)

踹	纬	疼	因	梅	瞥	语	助	坤	窘
列	姜	陵	寡	政	玄	此	白	吊	八
床	怎	丝	雷	蔫	鳌	感	侵	娘	窜
筒	坪	碍	堂	缩	耳	搭	甩	抓	黄
麦	丑	道	拢	澈	塌	内	瞟	咱	日
赚	纺	辖	绺	菊	怪	沾	热	倪	波
旗	鸟	谬	枫	裙	栓	袜	存	破	也
鞋	歪	扰	酸	池	亩	绒	驱	抬	肯
粗	昂	栽	远	推	彼	鳞	汞	灼	睁
巴	让	条	硫	鸟	瘸	磕	统	驱	蹿

第四章 多音节词语测试指导与训练

第一节 多音节词语测试指导

普通话水平测试第二项"读多音节词语",要求应试人在规定时间内朗读100个音节的多音节词语,除测查应试人声母、韵母、声调以外,还测查变调、轻声、儿化读音的标准程度。本项测试限时2.5分钟,总分20分。

变调、轻声、儿化也是普通话学习必须掌握的部分,对读准多音节词语,提高普通话测试成绩至关重要。

一、测试要求

读多音节词语(100个音节),限时2.5分钟,共20分。测查应试人声母、韵母、声调和变调、轻声、儿化读音的标准程度。

二、测试范围

词语中70%选自《普通话水平测试用普通话词语表》"表一",30%选自"表二"。

声母、韵母、声调出现次数与单音节字词要求相同。100个音节中,每个声母出现次数一般不少于3次,每个韵母出现次数一般不少于2次,4个声调出现次数大致均衡。上声与上声相连的词语不少于3个,上声与非上声相连的词语不少于4个,轻声不少于3个,儿化不少于4个(应为不同的儿化韵母)。

三、测试评分

1. 语音错误,每个音节扣0.2分。以音节为单位,音节中声母、韵母、声调、变调、轻声、儿化中任何一个要素出现错误,即为语音错误。

2. 语音缺陷,每个音节扣0.1分。以音节为单位,音节中声母、韵母、声调、变调、轻声、儿化中没有错误,但没有达到标准程度,即为语音缺陷。

3. 超时,未完成音节按语音错误扣分。

四、常见扣分原因分析

除了和单音节字词一样的声母、韵母、声调朗读失误导致失分外,多音节词语常见扣分原因还有以下情况:

1. 语音错误

(1) 变调错误

受方言影响或未掌握变调规则,造成变调错误。如"情不(误读为四声)自禁""一(误读为四声)会儿"等。

(2) 轻声错误

① 受方言影响或未掌握必读轻声词语,该读轻声未读轻声,不轻声的读成了轻声。

② 未掌握轻声的发音要领,出现轻声在音高、音强、音长等方面发生失误。有些应试者把轻声音节都读为一声。

(3) 儿化错误

① 受方言影响或未掌握儿化词语,北方方言应试人儿化较多,词语中未标注儿化也读成儿化,如"拐弯";南方方言应试人儿化较少,必读儿化也不读儿化。

② 未掌握儿化发音要领,或者卷舌不明显、不自然,或者将"儿"发成独立音节,或者后鼻音儿化不加鼻化等。

2. 语音缺陷

除了和单音节字词一样的声母、韵母、声调缺陷外,多音节词语还有变调、轻声、儿化等缺陷。

(1) 轻声、儿化发音不到位、不自然。

(2) 多音节词语最后一个音节是第三声不变调,要读成214,读成21是缺陷。

(3) 按词连读,不要将词拆读为单字,按字崩读。

3. 超时

(1) 故意拖长读音,按字崩读。
(2) 反复确认读音,音节间间隔太长。
(3) 反复纠错。

五、注意事项

1. 横向朗读,注意不要漏读错行。
2. 按词连读,不要按字崩读。
3. 词语末尾音节声调要读完整,调值到位。
4. 个别词语读错,可即时纠正。评分以第二次读音为准。
5. 读完后点击"下一题"按钮,进入下一项测试。

第二节 多音节词语测试训练

本节多音节词语训练主要针对普通话测试中比较容易读错的多音节词语,包括声母、韵母、声调辨正中易误读词语、"一""不"变调词语、上声变调词语、轻声词语、儿化词语。通过大量多音节词语的练习,进行发音辨正训练,巩固发音。

一、声母词语训练

(一) 平翘舌 z、c、s 和 zh、ch、sh

z—zh

杂志	杂质	赞助	增长	增值	正宗
资质	组织	阻止	自治	自主	自传
宗旨	总之	最终	尊重	作战	作者

zh—z

张嘴	沼泽	正在	侄子	职责	指责
制造	制作	质子	中子	种子	种族
著作	准则	桌子	正宗	重在	站在

c—ch

| 菜场 | 财产 | 存储 | 此处 | 仓储 | 操场 |

| 磁场 | 促成 | 餐厨 | 测查 | 痤疮 | 猜出 |
| 擦除 | 裁处 | 彩超 | 粗茶 | 餐车 | 船舱 |

ch—c

尺寸	初次	川菜	纯粹	储存	冲刺
吃醋	炒菜	场次	车次	持仓	出错
差错	场次	揣测	穿刺	出彩	成才

s—sh

撒手	散失	桑树	私事	三生	宿舍
随时	损失	算是	扫射	损伤	诉说
松鼠	琐事	赛事	所属	死神	缩水

sh—s

殊死	申诉	神色	生死	收缩	上诉
上司	受损	时速	世俗	输送	疏散
寿司	深思	上色	深邃	深色	声色

(二) 鼻音 n 和边音 l

n—l

哪里	努力	能力	年龄	年历	奴隶
能量	女郎	农历	鸟类	内陆	奶酪
耐力	内敛	浓烈	年老	尼龙	脑力

l—n

岭南	理念	辽宁	老年	两年	流年
历年	来年	冷暖	留念	烂泥	颅脑
靓女	连年	落难	流脑	遛鸟	落难

(三) 唇齿音 f 和舌根音 h

f—h

发挥	繁华	返还	防寒	凤凰	绯红
分红	缝合	符号	符合	丰厚	废话
浮华	绯红	发货	复合	富豪	孵化

h—f

回复	耗费	横幅	划分	会费	合肥
合法	护肤	回放	画风	回访	盒饭
海风	活佛	荒废	花粉	豪放	焕发

(四) 翘舌音 r 和边音 l

r—l

认领	日历	人类	容量	燃料	热量
热烈	人力	人脸	扰乱	日落	染料
热恋	让利	锐利	软肋	让路	热浪

l—r

例如	老人	利润	录入	恋人	猎人
历任	连任	落日	连日	烈日	冷热
离任	凌辱	留任	来日	利刃	缭绕

(五) 舌面音 j、q、x 和平舌音 z、c、s

j—z

叫作	讲座	建造	家族	节奏
记载	镜子	夹子	径自	加载
集资	句子	巨资	抉择	君子

q—c

青菜	憔悴	其次	器材	钱财
起草	七彩	切磋	芹菜	奇才
七次	凄惨	青草	情操	清仓

x—s

线索	相似	心思	习俗	相思
选送	迅速	像素	心酸	血色
笑死	心碎	羞涩	消散	形似

(六) 舌面音 j、q、x 和翘舌音 zh、ch、sh

j—zh

紧张	居住	截止	进展	几折
几张	集中	记者	家长	机制
集中	价值	简直	君主	静止

q—ch

牵扯	全程	汽车	骑车	犬齿
清除	青春	清朝	起床	球场
全场	清晨	前程	起初	清楚

x—sh

吸收	蟋蟀	学生	巡视	享受
稀少	销售	欣赏	形势	学术
叙述	悬殊	小时	先生	心事

（七）零声母训练

温暖	怜爱	乌云	富翁	久远	爱国
安全	恶劣	儿童	欧洲	委屈	危机
温婉	位置	文字	稳定	舞蹈	阳光

二、韵母词语训练

（一）前鼻韵母 an、en、in 和后鼻韵母 ang、eng、ing

an—ang

安康	担当	健康	毡房	南方	酣畅
绽放	观光	宽广	联想	端庄	变相
船长	电厂	反常	肩膀	鉴赏	前往

ang—an

当然	傍晚	上班	账单	盎然	昂然
抗寒	养眼	想念	光环	向前	抢先
档案	榜单	当然	党员	当选	当先

en—eng

人生	分封	本能	纷争	分成	人称
人声	神圣	真诚	文风	深层	神圣
纷争	门缝	生根	真正	晨风	分缝

eng—en

成本	承认	恒温	门生	能人	诚恳
城镇	登门	分成	缝纫	烹饪	憎恨
正门	正文	风尘	胜任	横亘	省份

in—ing

进行	尽情	禁令	金陵	民兵	民警
民营	拼命	品评	聘请	心灵	心情
新型	新颖	心境	心静	阴影	隐形

ing—in

听信	冰心	并进	影音	灵敏	精心
金星	尽兴	清新	精品	挺进	行进
迎亲	平民	迎新	倾心	病因	警民

（二）圆唇音和不圆唇音

i—ü

| 崎岖 | 抑郁 | 集聚 | 急剧 | 积聚 | 器具 |
| 起居 | 栖居 | 弃剧 | 戏剧 | 戏曲 | 奇趣 |

e—o

| 隔膜 | 测波 | 胳膊 | 折磨 | 遮没 | 刻薄 |

eng 和 ong

| 腾空 | 冷冻 | 赠送 | 郑重 | 风中 | |
| 耕种 | 冲锋 | 重逢 | 正宗 | 正中 | |

三、声调词语训练

（一）双音节词语训练

阴平＋阴平	师专	春风	听说	书桌	天空
阴平＋阳平	新闻	平凡	青年	非常	清纯
阴平＋上声	声母	争取	高考	褒奖	柔软
阴平＋去声	声调	飞快	师范	专业	编译
阳平＋阴平	年轻	来宾	长江	国籍	农村
阳平＋阳平	人才	同学	排球	惩罚	残存
阳平＋上声	俗语	毛笔	原子	形体	活跃
阳平＋去声	同志	群众	白菜	旋律	神态
上声＋阴平	首都	导师	北方	补充	礼花
上声＋阳平	厂房	狠毒	导游	满足	品德
上声＋上声	粉笔	把柄	理想	矮小	美好
上声＋去声	把握	柏树	保证	比较	本质
去声＋阴平	四肢	画家	拜托	上升	窒息
去声＋阳平	大梁	募集	灭绝	性急	怅然
去声＋上声	呐喊	不久	懊恼	寄予	花甲

| 去声＋去声 | 胖瘦 | 遏制 | 闭塞 | 目录 | 任意 |

(二) 四字格短语训练

阴平调	居安思危	挖空心思	息息相关	声东击西	息息相关
阳平调	文如其人	急于求成	严格执行	名存实亡	民族团结
上声调	永远美好	主演小品	岂有此理	领导小组	美好理想
去声调	日夜奋战	背信弃义	自怨自艾	万籁俱寂	胜利在望
四声顺序	光明磊落	兵强马壮	花红柳绿	阴阳上去	心明眼亮
四声逆序	逆水行舟	寿比南山	叫苦连天	破釜沉舟	一举成名
四声无序	风雨同舟	自怨自艾	烈日当空	兵临城下	彬彬有礼

(三) 声调易误读词语训练

因为(wèi)	褒(bāo)贬	笨拙(zhuō)	卑鄙(bǐ)	匕(bǐ)首
比较(jiào)	边框(kuàng)	剽(piāo)窃	撇(piē)开	漂(piǎo)白粉
勉强(qiǎng)	氛(fēn)围	符(fú)合	档(dàng)案	骨(gǔ)髓(suǐ)
宁(nìng)愿	载(zài)体	载(zài)重	憎(zēng)恨	走穴(xué)
粗糙(cāo)	从(cóng)容	挫(cuò)折	召(zhào)开	脂(zhī)肪
质(zhì)量	乘(chéng)机	惩(chéng)罚	号召(zhào)	围绕(rào)
处(chǔ)理	狩(shòu)猎	脊(jǐ)髓(suǐ)	尽(jǐn)量	窥(kuī)视
绢(juàn)花	潜(qián)伏	鲜血(xuè)	穴(xué)位	胸脯(pú)

四、音变词语训练

(一) 上声变调词语训练

1. 上声＋阴平

补充	火车	产生	反之	可惜
体温	海关	响声	雪茄	子孙
远方	祖先	解说	两边	恐慌
鼓吹	凯歌	抚摸	短期	苦衷
首都	纺织	指挥	许多	主编

2. 上声＋阳平

| 饱和 | 宝石 | 本来 | 厂房 | 典型 |

表情	处于	等级	法人	仿佛
腐蚀	海洋	解决	缅怀	水流
坦白	妥协	祖国	指明	嘴唇
本能	本源	眼神	永恒	整齐

3. 上声+去声

宝贝	本性	采购	产品	处分
打仗	陡峭	反应	辅助	感应
诡辩	海外	简化	可笑	苦难
冷静	领会	旅客	奶酪	紊乱
表现	处分	苦难	美丽	稳定

4. 上声+轻声

打扮	打算	肚子	骨头	饺子
老实	里头	码头	奶奶	女婿
委屈	我们	眼睛	早上	种子
祖宗	买卖	毯子	嗓子	脑袋
喜欢	嘴巴	老实	老爷	底子

5. 上声+上声

保姆	产品	场所	党委	耻辱
顶点	感染	好转	假使	可耻
冷水	鲁莽	女子	扭转	乞讨
手法	土匪	水手	委婉	予以
感慨	管理	骨髓	眨眼	侮辱

6. 带有上声的多音节词语

老百姓	所有制	解放军	锦标赛
两口子	了不起	偶然性	舍不得
水蒸气	委员会	半导体	胆小鬼
蒙古包	所有制	圆舞曲	
岂有此理	有的放矢		

(二)"一"的变调词语训练

1. 一+非去声

| 一般 | 一端 | 一生 | 一连 | 一旁 |

一同　　一举　　一体　　一早　　一些
一帆风顺　一针见血　万众一心　一成不变　一丝不苟
别具一格　一如既往　一本正经　一言九鼎　一筹莫展

2. 一+去声

一代　　一度　　一切　　一瞬　　一向
一再　　一阵　　一半　　一旦　　一致
一会儿　一辈子　一块儿　一阵儿　一样儿
一带一路　一技之长　一脉相承　一望无际　一模一样

3. 夹在重叠式动词之间

问一问　蹦一蹦　尝一尝　想一想　唱一唱

4. 不变调

统一体　　独一无二　　第一　　一点一分

(三) "不"的变调词语训练

1. 不+非去声

不禁　　不屈　　不甘　　不曾　　不服
不管　　不免　　不好　　不妨　　不能
不可一世　不阴不阳　不可一世　不三不四　不耻下问

2. 不+去声

不便　　不配　　不要　　不用　　不快
不利　　不幸　　不孝　　不过　　不料
不胫而走　情不自禁　不计其数　供不应求　从容不迫

3. 夹在词语之间

好不好　起不来　打不开　穿不穿　做不好

(四) 易读错轻声词语训练

白净　　帮手　　比方　　扁担　　打扮
打点　　打算　　耽误　　动静　　端详
风筝　　膏药　　怪物　　胡琴　　咳嗽
累赘　　连累　　利落　　木匠　　能耐
牌楼　　朋友　　便宜　　勤快　　晌午
烧饼　　事情　　试探　　首饰　　石匠

实在	爽快	岁数	铁匠	挖苦
喜欢	先生	学生	学问	烟筒
眼睛	养活	月饼	云彩	招牌
主意	自在	字号	祖宗	栅栏

（五）易读错儿化词语训练

戏法儿	小孩儿	包干儿	收摊儿	香肠儿
掉价儿	半点儿	雨点儿	照片儿	牙签儿
大褂儿	茶馆儿	拐弯儿	蛋黄儿	绕远儿
有劲儿	图钉儿	瓜子儿	饭盒儿	媳妇儿
夹缝儿	提成儿	花瓶儿	电影儿	小翁儿
刀把儿	照片儿	褪色儿	桑葚儿	中间儿
脖颈儿	梨核儿	抓阄儿	旦角儿	高跟儿鞋

五、难读易错多音节词语训练

1. 易误读三音节词语

半导体	不得了	乘务员	打招呼	地下室
分水岭	怪不得	黄澄澄	脚手架	靠得住
金龟子	老太太	农产品	入场券	一辈子
亚热带	怎么样	着眼点	外祖母	馅儿饼

2. 易误读四音节词语

车水马龙	错综复杂	非同小可	高瞻远瞩	供不应求
欢欣鼓舞	了如指掌	毛骨悚然	呕心沥血	排忧解难
前仆后继	潜移默化	审时度势	岂有此理	无济于事
熙熙攘攘	鲜为人知	载歌载舞	直截了当	一无所有
方兴未艾	大相径庭	风驰电掣	矫揉造作	脍炙人口
屡见不鲜	似是而非	有的放矢	汗流浃背	情不自禁

六、多音节词语模拟试卷

模拟试卷 1

读多音节词语(100 个音节,共 20 分,限时 2.5 分钟)

倘使	苍翠	强求	旋转	从而
品种	钢铁	比赛	蒸馏	粉末儿
推算	躲闪	盗贼	不用	画师
褂子	随便	眉头	打鸣儿	测量
党委	奇怪	完全	大量	起草
本色儿	讲学	上下	确定	规矩
创造	号码儿	亏损	石油	从而
范围	作品	然而	尊称	墨汁儿
学生	因而	喷射	角色	卤水
作战	凉快	全身	爽快	轰响

模拟试卷 2

读多音节词语(100 个音节,共 20 分,限时 2.5 分钟)

情怀	合同	财产	手脚	灭亡
加塞儿	思想	本子	状况	柔软
总之	崩溃	烧饼	功能	下面
纯粹	打扰	尊重	专程	帮手
苍穹	小瓮儿	另外	佛经	症状
侵略	祖宗	条约	定额	离子
家畜	尽量	矩形	框子	连累
舌苔	友谊	确定	天窗儿	勉强
恰当	温暖	抓获	喜庆	小说儿
彩色	渲染	风靡	可能	尊称

模拟试卷 3

读多音节词语(100 个音节,共 20 分,限时 2.5 分钟)

昨天	红娘	恶化	内在	儿童
药品	政党	定律	英雄	人均
耳垂儿	虐待	窘迫	切点	鉴定
场所	群体	开辟	涣散	云彩
收藏	被窝儿	作坊	价值	旺盛
思想	懒得	奔跑	央求	群体
率领	喇叭	挂钩	旦角儿	做活儿
清楚	尊重	傀儡	消灭	迅速
定额	扭转	核算	蜷缩	融洽
磁铁	毕生	岁月	幼儿	浓度

模拟试卷 4

读多音节词语(100 个音节,共 20 分,限时 2.5 分钟)

方略	模型	喇叭	苟且	未遂
危害	冷水	斥责	撇开	原料
惶恐	效率	桥梁	学生	荒谬
大娘	热爱	全面	采访	火罐儿
小葱儿	农村	悄声	加塞儿	宁可
然而	痛快	牌楼	晚上	戒指
鬼脸	铁锹	所以	咱们	重叠
叫唤	胸脯	砂轮儿	关卡	填塞
政党	定律	英雄	人均	然而
勉强	航海	设备	船闸	策略

模拟试卷 5

读多音节词语(100 个音节,共 20 分,限时 2.5 分钟)

挂念	佛经	柴火	亏损	犯罪
耽误	增加	作用	难怪	少女
亏损	蜜枣儿	后悔	钢镚儿	蒜瓣儿
采访	效率	桥梁	上面	荒谬
篡改	脑髓	僧尼	胸腔	如此
批准	拒绝	夸耀	抓紧	唱歌儿
帐篷	旅馆	给予	懊丧	累赘
编纂	花瓶儿	疟疾	纯真	军事
给予	篡改	翱翔	打算	傀儡
濒于	春天	酝酿	着火	皇冠

附录一 普通话水平测试用必读轻声词语表

说明:

1. 本表根据《普通话水平测试用普通话词语表》编制。

2. 本表供普通话水平测试第二项——读多音节词语(100 个音节)测试使用。

3. 本表共收词 594 条(其中"子"尾词 217 条),按汉语拼音字母顺序排列。

4. 本表遵照《汉语拼音正词法基本规则》(GB/T 16159 - 2012)的标调规则,必读轻声音节不标调号。

爱人 àiren	案子 ànzi	巴结 bājie	巴掌 bāzhang
把子 bǎzi	把子 bàzi	爸爸 bàba	白净 báijing
班子 bānzi	板子 bǎnzi	帮手 bāngshou	梆子 bāngzi
膀子 bǎngzi	棒槌 bàngchui	棒子 bàngzi	包袱 bāofu
包子 bāozi	刨子 bàozi	豹子 bàozi	杯子 bēizi
被子 bèizi	本事 běnshi	本子 běnzi	鼻子 bízi
比方 bǐfang	鞭子 biānzi	扁担 biāndan	辫子 biànzi
别扭 bièniu	饼子 bǐngzi	脖子 bózi	薄荷 bòhe
簸箕 bòji	补丁 bǔding	不由得 bùyóude	步子 bùzi

部分 bùfen	财主 cáizhu	裁缝 cáifeng	苍蝇 cāngying
差事 chāishi	柴火 cháihuo	肠子 chángzi	厂子 chǎngzi
场子 chǎngzi	车子 chēzi	称呼 chēnghu	池子 chízi
尺子 chǐzi	虫子 chóngzi	绸子 chóuzi	出息 chūxi
除了 chúle	锄头 chútou	畜生 chùsheng	窗户 chuānghu
窗子 chuāngzi	锤子 chuízi	伺候 cìhou	刺猬 cìwei
凑合 còuhe	村子 cūnzi	耷拉 dāla	答应 dāying
打扮 dǎban	打点 dǎdian	打发 dǎfa	打量 dǎliang
打算 dǎsuan	打听 dǎting	打招呼 dǎzhāohu	大方 dàfang
大爷 dàye	大意 dàyi	大夫 dàifu	带子 dàizi
袋子 dàizi	单子 dānzi	耽搁 dānge	耽误 dānwu
胆子 dǎnzi	担子 dànzi	刀子 dāozi	道士 dàoshi
稻子 dàozi	灯笼 dēnglong	凳子 dèngzi	提防 dīfang
滴水 dīshui	笛子 dízi	嘀咕 dígu	底子 dǐzi
地道 dìdao	地方 dìfang	弟弟 dìdi	弟兄 dìxiong
点心 diǎnxin	点子 diǎnzi	调子 diàozi	碟子 diézi
钉子 dīngzi	东家 dōngjia	东西 dōngxi	动静 dòngjing
动弹 dòngtan	豆腐 dòufu	豆子 dòuzi	嘟囔 dūnang
肚子 dǔzi	肚子 dùzi	端详 duānxiang	缎子 duànzi
队伍 duìwu	对付 duìfu	对头 duìtou	对子 duìzi
多么 duōme	哆嗦 duōsuo	蛾子 ézi	儿子 érzi
耳朵 ěrduo	贩子 fànzi	房子 fángzi	废物 fèiwu
份子 fènzi	风筝 fēngzheng	疯子 fēngzi	福气 fúqi
斧子 fǔzi	富余 fùyu	盖子 gàizi	甘蔗 gānzhe
杆子 gānzi	杆子 gǎnzi	干事 gànshi	杠子 gàngzi
高粱 gāoliang	膏药 gāoyao	稿子 gǎozi	告诉 gàosu
疙瘩 gēda	哥哥 gēge	胳膊 gēbo	鸽子 gēzi
格子 gézi	个子 gèzi	根子 gēnzi	跟头 gēntou

工夫 gōngfu	弓子 gōngzi	公公 gōnggong	功夫 gōngfu
钩子 gōuzi	姑姑 gūgu	姑娘 gūniang	谷子 gǔzi
骨头 gǔtou	故事 gùshi	寡妇 guǎfu	褂子 guàzi
怪不得 guàibude	怪物 guàiwu	关系 guānxi	官司 guānsi
棺材 guāncai	罐头 guàntou	罐子 guànzi	规矩 guīju
闺女 guīnü	鬼子 guǐzi	柜子 guìzi	棍子 gùnzi
果子 guǒzi	哈欠 hāqian	蛤蟆 háma	孩子 háizi
含糊 hánhu	汉子 hànzi	行当 hángdang	合同 hétong
和尚 héshang	核桃 hétao	盒子 hézi	恨不得 hènbude
红火 hónghuo	猴子 hóuzi	后头 hòutou	厚道 hòudao
狐狸 húli	胡萝卜 húluóbo	胡琴 húqin	胡子 húzi
葫芦 húlu	糊涂 hútu	护士 hùshi	皇上 huángshang
幌子 huǎngzi	活泼 huópo	火候 huǒhou	伙计 huǒji
机灵 jīling	记号 jìhao	记性 jìxing	夹子 jiāzi
家伙 jiāhuo	架势 jiàshi	架子 jiàzi	嫁妆 jiàzhuang
尖子 jiānzi	茧子 jiǎnzi	剪子 jiǎnzi	见识 jiànshi
毽子 jiànzi	将就 jiāngjiu	交情 jiāoqing	饺子 jiǎozi
叫唤 jiàohuan	轿子 jiàozi	结实 jiēshi	街坊 jiēfang
姐夫 jiěfu	姐姐 jiějie	戒指 jièzhi	芥末 jièmo
金子 jīnzi	精神 jīngshen	镜子 jìngzi	舅舅 jiùjiu
橘子 júzi	句子 jùzi	卷子 juànzi	开通 kāitong
靠得住 kàodezhù	咳嗽 késou	客气 kèqi	空子 kòngzi
口袋 kǒudai	口子 kǒuzi	扣子 kòuzi	窟窿 kūlong
裤子 kùzi	快活 kuàihuo	筷子 kuàizi	框子 kuàngzi
阔气 kuòqi	拉扯 lāche	喇叭 lǎba	喇嘛 lǎma
来得及 láidejí	篮子 lánzi	懒得 lǎnde	榔头 lángtou
浪头 làngtou	唠叨 láodao	老婆 lǎopo	老实 lǎoshi
老太太 lǎotàitai	老头子 lǎotóuzi	老爷 lǎoye	老爷子 lǎoyézi

老子 lǎozi	姥姥 lǎolao	累赘 léizhui	篱笆 líba
里头 lǐtou	力气 lìqi	厉害 lìhai	利落 lìluo
利索 lìsuo	例子 lìzi	栗子 lìzi	痢疾 lìji
连累 liánlei	帘子 liánzi	凉快 liángkuai	粮食 liángshi
两口子 liǎngkǒuzi	料子 liàozi	林子 línzi	铃铛 língdang
翎子 língzi	领子 lǐngzi	溜达 liūda	聋子 lóngzi
笼子 lóngzi	炉子 lúzi	路子 lùzi	轮子 lúnzi
啰唆 luōsuo	萝卜 luóbo	骡子 luózi	骆驼 luòtuo
妈妈 māma	麻烦 máfan	麻利 máli	麻子 mázi
马虎 mǎhu	码头 mǎtou	买卖 mǎimai	麦子 màizi
馒头 mántou	忙活 mánghuo	冒失 màoshi	帽子 màozi
眉毛 méimao	媒人 méiren	妹妹 mèimei	门道 méndao
眯缝 mīfeng	迷糊 míhu	面子 miànzi	苗条 miáotiao
苗头 miáotou	苗子 miáozi	名堂 míngtang	名字 míngzi
明白 míngbai	模糊 móhu	蘑菇 mógu	木匠 mùjiang
木头 mùtou	那么 nàme	奶奶 nǎinai	难为 nánwei
脑袋 nǎodai	脑子 nǎozi	能耐 néngnai	你们 nǐmen
念叨 niàndao	念头 niàntou	娘家 niángjia	镊子 nièzi
奴才 núcai	女婿 nǚxu	暖和 nuǎnhuo	疟疾 nüèji
拍子 pāizi	牌楼 páilou	牌子 páizi	盘算 pánsuan
盘子 pánzi	胖子 pàngzi	狍子 páozi	袍子 páozi
盆子 pénzi	朋友 péngyou	棚子 péngzi	皮子 pízi
脾气 píqi	痞子 pǐzi	屁股 pìgu	片子 piānzi
便宜 piányi	骗子 piànzi	票子 piàozi	漂亮 piàoliang
瓶子 píngzi	婆家 pójia	婆婆 pópo	铺盖 pūgai
欺负 qīfu	旗子 qízi	前头 qiántou	钳子 qiánzi
茄子 qiézi	亲戚 qīnqi	勤快 qínkuai	清楚 qīngchu
亲家 qìngjia	曲子 qǔzi	圈子 quānzi	拳头 quántou

裙子 qúnzi	热闹 rènao	人家 rénjia	人们 rénmen
认识 rènshi	日子 rìzi	褥子 rùzi	塞子 sāizi
嗓子 sǎngzi	嫂子 sǎozi	扫帚 sàozhou	沙子 shāzi
傻子 shǎzi	扇子 shànzi	商量 shāngliang	晌午 shǎngwu
上司 shàngsi	上头 shàngtou	烧饼 shāobing	勺子 sháozi
少爷 shàoye	哨子 shàozi	舌头 shétou	舍不得 shěbude
舍得 shěde	身子 shēnzi	什么 shénme	婶子 shěnzi
生意 shēngyi	牲口 shēngkou	绳子 shéngzi	师父 shīfu
师傅 shīfu	虱子 shīzi	狮子 shīzi	石匠 shíjiang
石榴 shíliu	石头 shítou	时辰 shíchen	时候 shíhou
实在 shízai	拾掇 shíduo	使唤 shǐhuan	世故 shìgu
似的 shìde	事情 shìqing	试探 shìtan	柿子 shìzi
收成 shōucheng	收拾 shōushi	首饰 shǒushi	叔叔 shūshu
梳子 shūzi	舒服 shūfu	舒坦 shūtan	疏忽 shūhu
爽快 shuǎngkuai	思量 sīliang	俗气 súqi	算计 suànji
岁数 suìshu	孙子 sūnzi	他们 tāmen	它们 tāmen
她们 tāmen	踏实 tāshi	台子 táizi	太太 tàitai
摊子 tānzi	坛子 tánzi	毯子 tǎnzi	桃子 táozi
特务 tèwu	梯子 tīzi	蹄子 tízi	甜头 tiántou
挑剔 tiāoti	挑子 tiāozi	条子 tiáozi	跳蚤 tiàozao
铁匠 tiějiang	亭子 tíngzi	头发 tóufa	头子 tóuzi
兔子 tùzi	妥当 tuǒdang	唾沫 tuòmo	挖苦 wāku
娃娃 wáwa	袜子 wàzi	外甥 wàisheng	外头 wàitou
晚上 wǎnshang	尾巴 wěiba	委屈 wěiqu	为了 wèile
位置 wèizhi	位子 wèizi	温和 wēnhuo	蚊子 wénzi
稳当 wěndang	窝囊 wōnang	我们 wǒmen	屋子 wūzi
稀罕 xīhan	席子 xízi	媳妇 xífu	喜欢 xǐhuan
瞎子 xiāzi	匣子 xiázi	下巴 xiàba	吓唬 xiàhu

先生 xiānsheng	乡下 xiāngxia	箱子 xiāngzi	相声 xiàngsheng
消息 xiāoxi	小伙子 xiǎohuǒzi	小气 xiǎoqi	小子 xiǎozi
笑话 xiàohua	歇息 xiēxi	蝎子 xiēzi	鞋子 xiézi
谢谢 xièxie	心思 xīnsi	星星 xīngxing	猩猩 xīngxing
行李 xíngli	行头 xíngtou	性子 xìngzi	兄弟 xiōngdi
休息 xiūxi	秀才 xiùcai	秀气 xiùqi	袖子 xiùzi
靴子 xuēzi	学生 xuésheng	学问 xuéwen	丫头 yātou
鸭子 yāzi	衙门 yámen	哑巴 yǎba	胭脂 yānzhi
烟筒 yāntong	眼睛 yǎnjing	燕子 yànzi	秧歌 yāngge
养活 yǎnghuo	样子 yàngzi	吆喝 yāohe	妖精 yāojing
钥匙 yàoshi	椰子 yēzi	爷爷 yéye	叶子 yèzi
一辈子 yībèizi	一揽子 yīlǎnzi	衣服 yīfu	衣裳 yīshang
椅子 yǐzi	意思 yìsi	银子 yínzi	影子 yǐngzi
应酬 yìngchou	柚子 yòuzi	芋头 yùtou	冤家 yuānjia
冤枉 yuānwang	园子 yuánzi	院子 yuànzi	月饼 yuèbing
月亮 yuèliang	云彩 yúncai	运气 yùnqi	在乎 zàihu
咱们 zánmen	早上 zǎoshang	怎么 zěnme	扎实 zhāshi
眨巴 zhǎba	栅栏 zhàlan	宅子 zháizi	寨子 zhàizi
张罗 zhāngluo	丈夫 zhàngfu	丈人 zhàngren	帐篷 zhàngpeng
帐子 zhàngzi	招呼 zhāohu	招牌 zhāopai	折腾 zhēteng
这个 zhège	这么 zhème	枕头 zhěntou	芝麻 zhīma
知识 zhīshi	侄子 zhízi	指甲 zhǐjia(zhījia)	指头 zhitou(zhítou)
种子 zhǒngzi	珠子 zhūzi	竹子 zhúzi	主意 zhǔyi(zhúyi)
主子 zhǔzi	柱子 zhùzi	爪子 zhuǎzi	转悠 zhuànyou
庄稼 zhuāngjia	庄子 zhuāngzi	壮实 zhuàngshi	状元 zhuàngyuan
锥子 zhuīzi	桌子 zhuōzi	自在 zìzai	字号 zìhao
粽子 zòngzi	祖宗 zǔzong	嘴巴 zuǐba	作坊 zuōfang
琢磨 zuómo	做作 zuòzuo		

附录二 普通话水平测试用儿化词语表

说明：

1. 本表参照《普通话水平测试用普通话词语表》及《现代汉语词典》（第 7 版）编制。加 * 的是以上二者未收，根据测试需要而酌增的条目。

2. 本表仅供普通话水平测试第二项——读多音节词语（100 个音节）测试使用。本表儿化音节，在前面一律加"儿"，但并不表明所列词语在任何语用场合都必须儿化。

3. 本表共收词 200 条，列出原形韵母和所对应的儿化韵，用符号＞表示由哪个原形韵母变为儿化韵。描写儿化韵中的"："表示"："之前是主要元音（韵腹）。

4. 本表的汉语拼音注音，只在基本形式后面加 r，如"一会儿 yīhuìr"，不标语音上的实际变化。

a＞ar

板擦儿 bǎncār	打杂儿 dǎzár	刀把儿 dāobàr	号码儿 hàomǎr
没法儿 méifǎr	戏法儿 xìfǎr	找碴儿 zhǎochár	

ai＞ar

壶盖儿 húgàir	加塞儿 jiāsāir	名牌儿 míngpáir	小孩儿 xiǎoháir
鞋带儿 xiédàir			

an＞ar

包干儿 bāogānr	笔杆儿 bǐgǎnr	快板儿 kuàibǎnr	老伴儿 lǎobànr
脸蛋儿 liǎndànr	脸盘儿 liǎnpánr	门槛儿 ménkǎnr	收摊儿 shōutānr
蒜瓣儿 suànbànr	栅栏儿 zhàlanr		

ang＞ar（鼻化）

赶趟儿 gǎntàngr	瓜瓤儿 guārángr	香肠儿 xiāngchángr	药方儿 yàofāngr

ia＞iar

掉价儿 diàojiàr	豆芽儿 dòuyár	一下儿 yīxiàr	

ian＞iar

半点儿 bàndiǎnr	差点儿 chàdiǎnr	坎肩儿 kǎnjiānr	拉链儿 lāliànr
聊天儿 liáotiānr	露馅儿 lòuxiànr	冒尖儿 màojiānr	扇面儿 shànmiànr
馅儿饼 xiànrbǐng	小辫儿 xiǎobiànr	心眼儿 xīnyǎnr	牙签儿 yáqiānr
一点儿 yīdiǎnr	有点儿 yǒudiǎnr	雨点儿 yǔdiǎnr	照片儿 zhàopiānr

iang＞iar（鼻化）

鼻梁儿 bíliángr	花样儿 huāyàngr	透亮儿 tòuliàngr	

ua＞uar

| 大褂儿 dàguàr | 麻花儿 máhuār | 马褂儿 mǎguàr | 脑瓜儿 nǎoguār |
| 小褂儿 xiǎoguàr | 笑话儿 xiàohuar | 牙刷儿 yáshuār | |

uai＞uar

一块儿 yīkuàir

uan＞uar

| 茶馆儿 cháguǎnr | 打转儿 dǎzhuànr | 大腕儿 dàwànr | 饭馆儿 fànguǎnr |
| 拐弯儿 guǎiwānr | 好玩儿 hǎowánr | 火罐儿 huǒguànr | 落款儿 luòkuǎnr |

uang＞uar（鼻化）

| 打晃儿 dǎhuàngr | 蛋黄儿 dànhuángr | 天窗儿 tiānchuāngr | |

üan＞üar

| 包圆儿 bāoyuánr | 出圈儿 chūquānr | 绕远儿 ràoyuǎnr | 人缘儿 rényuánr |
| 手绢儿 shǒujuànr | 烟卷儿 yānjuǎnr | 杂院儿 záyuànr | |

ei＞er

| 刀背儿 dāobèir | 摸黑儿 mōhēir | | |

en＞er

把门儿 bǎménr	别针儿 biézhēnr	大婶儿 dàshěnr	刀刃儿 dāorènr
高跟儿鞋 gāogēnrxié	哥们儿 gēmenr	后跟儿 hòugēnr	花盆儿 huāpénr
老本儿 lǎoběnr	面人儿 miànrénr	纳闷儿 nàmènr	嗓门儿 sǎngménr
小人儿书 xiǎorénrshū	杏仁儿 xìngrénr	压根儿 yàgēnr	一阵儿 yīzhènr
走神儿 zǒushénr			

eng＞er（鼻化）

| 脖颈儿 bógěngr | 钢镚儿 gāngbèngr | 夹缝儿 jiāfèngr | 提成儿 tíchéngr |

ie＞ier

| 半截儿 bànjiér | 小鞋儿 xiǎoxiér | | |

üe＞üer

| 旦角儿 dànjuér | 主角儿 zhǔjuér | | |

uei＞uer

| 耳垂儿 ěrchuír | 墨水儿 mòshuǐr | 跑腿儿 pǎotuǐr | 围嘴儿 wéizuǐr |
| 一会儿 yīhuìr | 走味儿 zǒuwèir | | |

uen＞uer

| 冰棍儿 bīnggùnr | 打盹儿 dǎdǔnr | 光棍儿 guānggùnr | 开春儿 kāichūnr |
| 没准儿 méizhǔnr | 胖墩儿 pàngdūnr | 砂轮儿 shālúnr | |

ueng＞uer（鼻化）

小瓮儿 xiǎowèngr

i（前）＞er

| 瓜子儿 guāzǐr | 没词儿 méicír | 石子儿 shízǐr | 挑刺儿 tiāocìr |

i（后）＞er

| 记事儿 jìshìr | 锯齿儿 jùchǐr | 墨汁儿 mòzhīr | |

i＞i:er

| 垫底儿 diàndǐr | 肚脐儿 dùqír | 玩意儿 wányìr | 针鼻儿 zhēnbír |

in＞i:er

| 脚印儿 jiǎoyìnr | 送信儿 sòngxìnr | 有劲儿 yǒujìnr | |

ing＞i:er（鼻化）

| 打鸣儿 dǎmíngr | 蛋清儿 dànqīngr | 花瓶儿 huāpíngr | 火星儿 huǒxīngr |
| 门铃儿 ménlíngr | 人影儿 rényǐngr | 图钉儿 túdīngr | 眼镜儿 yǎnjìngr |

ü＞ü:er

| 毛驴儿 máolǘr | 痰盂儿 tányúr | 小曲儿 xiǎoqǔr | |

ün＞ü:er

合群儿 héqúnr

e＞er

| 挨个儿 āigèr | 唱歌儿 chànggēr | 打嗝儿 dǎgér | 单个儿 dāngèr |
| 逗乐儿 dòulèr | 饭盒儿 fànhér | 模特儿 mótèr | |

u＞ur

| 泪珠儿 lèizhūr | 梨核儿 líhúr | 没谱儿 méipǔr | 碎步儿 suìbùr |
| 媳妇儿 xífur | 有数儿 yǒushùr | | |

ong＞or（鼻化）

| 抽空儿 chōukòngr | 果冻儿 guǒdòngr | 胡同儿 hútòngr | 酒盅儿 jiǔzhōngr |
| 门洞儿 méndòngr | 小葱儿 xiǎocōngr | | |

iong＞ior（鼻化）

小熊儿 xiǎoxióngr

ao＞aor

半道儿 bàndàor	灯泡儿 dēngpàor	红包儿 hóngbāor	叫好儿 jiàohǎor
绝着儿 juézhāor	口哨儿 kǒushàor	口罩儿 kǒuzhàor	蜜枣儿 mìzǎor
手套儿 shǒutàor	跳高儿 tiàogāor		

iao＞iaor

| 豆角儿 dòujiǎor | 火苗儿 huǒmiáor | 开窍儿 kāiqiàor | 面条儿 miàntiáor |

跑调儿 pǎodiàor 鱼漂儿 yúpiāor

ou＞our

个头儿 gètóur 老头儿 lǎotóur 门口儿 ménkǒur 年头儿 niántóur
纽扣儿 niǔkòur 线轴儿 xiànzhóur 小丑儿 xiǎochǒur 小偷儿 xiǎotōur
衣兜儿 yīdōur

iou＞iour

顶牛儿 dǐngniúr 加油儿 jiāyóur 棉球儿 miánqiúr 抓阄儿 zhuājiūr

uo＞uor

被窝儿 bèiwōr 出活儿 chūhuór 大伙儿 dàhuǒr 火锅儿 huǒguōr
绝活儿 juéhuór 小说儿 xiǎoshuōr 邮戳儿 yóuchuōr 做活儿 zuòhuór

(o)＞or

耳膜儿 ěrmór 粉末儿 fěnmòr

第五章 朗读短文测试指导与训练

第一节 朗读短文测试指导

普通话水平测试第三项"朗读短文",要求应试人在规定时间内朗读短文前400个音节,以测查应试人使用普通话朗读书面作品的水平。本项测试限时4分钟,总分30分。

朗读短文测试项在测查应试人普通话声母、韵母、声调发音准确性同时,重点测查连续语流中的音变、停连、语调及流畅程度等。

朗读短文是对应试人普通话水平的综合考查,占分较多,对测试成绩影响较大,应试人在测试前应认真准备《普通话水平测试用朗读作品》50篇,纠正发音,熟悉短文。

一、测试要求

准确自然朗读作品前400个音节(不含标点符号和括注的音节),限时4分钟,共30分。测查应试人声母、韵母、声调的标准程度,连续语流中的音变、停连、语调以及流畅程度。

二、测试范围

短文随机从《普通话水平测试用朗读作品》中选取。

三、测试评分

1. 语音错误,每个音节扣0.1分;漏读或增读按语音错误计算,每个音节扣0.1分。
2. 声母或韵母的系统性语音缺陷,视程度扣0.5分、1分。
3. 语调偏误,视程度扣0.5分、1分、2分。
4. 停连不当,视程度扣0.5分、1分、2分。

5. 朗读不流畅(包括回读)，视程度扣 0.5 分、1 分、2 分。

6. 超时，未完成音节按语音错误扣分。

四、常见扣分原因分析

1. 语音错误

（1）受方言影响，存在诸多语音问题，语音错误较多。
（2）作品不熟悉，添字、漏字、随意改读，造成语音错误。

2. 系统性缺陷

由于发音不到位，声母、韵母存在明显的发音缺陷。

3. 朗读不流畅

由于普通话不熟练或测试时紧张，造成朗读时回读、按字崩读，从而造成朗读不流畅。

4. 停连不当

由于紧张或其他原因，朗读时忽视作品的整体性，为把字读准，将文章割裂为不连续的字或词。

5. 语调不自然

本测试项主要测查语音的标准规范程度，不需做艺术处理，过分夸张、不自然的"朗诵腔""播音腔"反而会影响语音的准确性。

受方言语调影响，作品朗读中会表现出方言的语音特点，主要表现在字调、句调、轻重格式、节奏等方面，如东北味的普通话。

6. 语速不当

测试时，语速控制不好，过快或过慢都会导致失分。过快的速度导致漏字、吃字、添字，发音缺陷，过慢则会导致流畅和停连方面的问题。

第二节 朗读短文训练

《普通话水平测试用朗读作品》共 50 篇，测试时随机分配一篇作为测试内容。针对作品中容易出现语音失误或难读的字词，以"语音提示"的形式标注在作品下方，其中作品中的"一""不"标注的是变调后的实际读音。必读轻声音节，拼音不标调号。一般轻读，间或重读的音节，拼音时加注调号，并在拼音时加圆点提示。儿化音节拼音时在基本形式后加 r。

每篇作品在第 400 个音节后用"//"标注。

作品1号

照北京的老规矩,春节差不多在腊月的初旬就开始了。"腊七腊八,冻死寒鸦",这是一年里最冷的时候。在腊八这天,家家都熬腊八粥。粥是用各种米,各种豆,与各种干果熬成的。这不是粥,而是小型的农业展览会。

除此之外,这一天还要泡腊八蒜。把蒜瓣放进醋里,封起来,为过年吃饺子用。到年底,蒜泡得色如翡翠,醋也有了些辣味,色味双美,使人忍不住要多吃几个饺子。在北京,过年时,家家吃饺子。

孩子们准备过年,第一件大事就是买杂拌儿。这是用花生、胶枣、榛子、栗子等干果与蜜饯掺和成的。孩子们喜欢吃这些零七八碎儿。第二件大事是买爆竹,特别是男孩子们。恐怕第三件事才是买各种玩意儿——风筝、空竹、口琴等。

孩子们欢喜,大人们也忙乱。他们必须预备过年吃的、喝的、穿的、用的,好在新年时显出万象更新的气象。

腊月二十三过小年,差不多就是过春节的"彩排"。天一擦黑儿,鞭炮响起来,便有了过年的味道。这一天,是要吃糖的,街上早有好多卖麦芽糖与江米糖的,糖形或为长方块或为瓜形,又甜又黏,小孩子们最喜欢。

过了二十三,大家更忙。必须大扫除一次,还要把肉、鸡、鱼、青菜、年糕什么的都预备充足——店 // 铺多数正月初一到初五关门,到正月初六才开张。

节选自老舍《北京的春节》

语音提示:

1. 规矩　guīju
2. 差不多　chà·bùduō
3. 展览会　zhǎnlǎnhuì
4. 蒜瓣　suànbànr
5. 放进　fàngjìn
6. 辣味　làwèir
7. 杂拌儿　zábànr
8. 掺和　chānhuo
9. 零七八碎儿　língqī-bāsuìr
10. 爆竹　bàozhú
11. 玩意儿　wányìr
12. 风筝　fēngzheng
13. 万象更新　wànxiàng-gēngxīn
14. 擦黑儿　cāhēir
15. 长方块　chángfāngkuàir
16. 又甜又黏　yòu tián yòu nián

作品 2 号

　　盼望着,盼望着,东风来了,春天的脚步近了。

　　一切都像刚睡醒的样子,欣欣然张开了眼。山朗润起来了,水涨起来了,太阳的脸红起来了。

　　小草偷偷地从土里钻出来,嫩嫩的,绿绿的。园子里,田野里,瞧去,一大片一大片满是的。坐着,躺着,打两个滚,踢几脚球,赛几趟跑,捉几回迷藏。风轻悄悄的,草软绵绵的。

　　……

　　"吹面不寒杨柳风",不错的,像母亲的手抚摸着你。风里带来些新翻的泥土的气息,混着青草味儿,还有各种花的香,都在微微湿润的空气里酝酿。鸟儿将巢安在繁花绿叶当中,高兴起来了,呼朋引伴地卖弄清脆的喉咙,唱出宛转的曲子,跟轻风流水应和着。牛背上牧童的短笛,这时候也成天嘹亮地响着。

　　雨是最寻常的,一下就是三两天。可别恼。看,像牛毛,像花针,像细丝,密密地斜织着,人家屋顶上全笼着一层薄烟。树叶儿却绿得发亮,小草儿也青得逼你的眼。傍晚时候,上灯了,一点点黄晕的光,烘托出一片安静而和平的夜。在乡下,小路上,石桥边,有撑起伞慢慢走着的人,地里还有工作的农民,披着蓑戴着笠。他们的房屋,稀稀疏疏的,在雨里静默着。

　　天上风筝渐渐多了,地上孩子也多了。城里乡下,家家户户,老老小小,//也赶趟儿似的,一个个都出来了。舒活舒活筋骨,抖擞抖擞精神,各做各的一份儿事去。"一年之计在于春",刚起头儿,有的是工夫,有的是希望。

　　春天像刚落地的娃娃,从头到脚都是新的,它生长着。

　　春天像小姑娘,花枝招展的,笑着,走着。

　　春天像健壮的青年,有铁一般的胳膊和腰脚,领着我们上前去。

节选自朱自清《春》

语音提示：

1. 滚　gǔnr
2. 球　qiúr
3. 味儿　wèir
4. 酝酿　yùnniàng
5. 鸟儿　niǎo'ér
6. 繁花绿叶　fánhuā-lǜyè
7. 呼朋引伴　hūpéng-yǐnbàn
8. 宛转　wǎnzhuǎn
9. 应和　yìnghè
10. 薄烟　bóyān
11. 树叶儿　shùyèr
12. 傍晚　bàngwǎn
13. 黄晕　huángyùn
14. 乡下　xiāngxia
15. 蓑　suō
16. 风筝　fēngzheng

作品 3 号

燕子去了,有再来的时候;杨柳枯了,有再青的时候;桃花谢了,有再开的时候。但是,聪明的,你告诉我,我们的日子为什么一去不复返呢?——是有人偷了他们罢:那是谁?又藏在何处呢?是他们自己逃走了罢:现在又到了哪里呢?

去的尽管去了,来的尽管来着;去来的中间,又怎样地匆匆呢?早上我起来的时候,小屋里射进两三方斜斜的太阳。太阳他有脚啊,轻轻悄悄地挪移了;我也茫茫然跟着旋转。于是——洗手的时候,日子从水盆里过去;吃饭的时候,日子从饭碗里过去;默默时,便从凝然的双眼前过去。我觉察他去的匆匆了,伸出手遮挽时,他又从遮挽着的手边过去;天黑时,我躺在床上,他便伶伶俐俐地从我身上跨过,从我脚边飞去了。等我睁开眼和太阳再见,这算又溜走了一日。我掩着面叹息。但是新来的日子的影儿又开始在叹息里闪过了。

在逃去如飞的日子里,在千门万户的世界里的我能做些什么呢?只有徘徊罢了,只有匆匆罢了;在八千多日的匆匆里,除徘徊外,又剩些什么呢?过去的日子如轻烟,被微风吹散了,如薄雾,被初阳蒸融了;我留着些什么痕迹呢?我何曾留着像游丝样的痕迹呢?我赤裸裸//来到这世界,转眼间也将赤裸裸的回去罢?但不能平的,为什么偏白白走这一遭啊?

你聪明的,告诉我,我们的日子为什么一去不复返呢?

节选自朱自清《匆匆》

语音提示:

1. 聪明   cōng·míng
2. 为什么   wèishénme
3. 哪里   nǎ·lǐ
4. 尽管   jǐnguǎn
5. 啊   wa
6. 轻轻悄悄   qīngqīngqiāoqiāo
7. 挪移   nuóyí
8. 旋转   xuánzhuǎn
9. 凝然   níngrán
10. 遮挽   zhēwǎn
11. 伶伶俐俐   línglínglìlì
12. 影儿   yǐng'ér
13. 徘徊   páihuái
14. 薄雾   bówù
15. 蒸融   zhēngróng
16. 痕迹   hénjì

作品 4 号

有的人在工作、学习中缺乏耐性和韧性,他们一旦碰了钉子,走了弯路,就开始怀疑自己是否有研究才能。其实,我可以告诉大家,许多有名的科学家和作家,都是经过很多次失败,走过很多弯路才成功的。有人看见一个作家写出一本好小说,或者看见一个科学家发表几篇有分量的论文,便仰慕不已,很想自己能够信手拈来,妙手成章,一觉醒来,誉满天下。其实,成功的作品和论文只不过是作家、学者们整个创作和研究中的极小部分,甚至数量上还不及失败作品的十分之一。大家看到的只是他们成功的作品,而失败的作品是不会公开发表出来的。

要知道,一个科学家在攻克科学堡垒的长征中,失败的次数和经验,远比成功的经验要丰富、深刻得多。失败虽然不是什么令人快乐的事情,但也决不应该因此气馁。在进行研究时,研究方向不正确,走了些岔路,白费了许多精力,这也是常有的事。但不要紧,可以再调换方向进行研究。更重要的是要善于吸取失败的教训,总结已有的经验,再继续前进。

根据我自己的体会,所谓天才,就是坚持不断的努力。有些人也许觉得我在数学方面有什么天分,//其实从我身上是找不到这种天分的。我读小学时,因为成绩不好,没有拿到毕业证书,只拿到一张修业证书。初中一年级时,我的数学也是经过补考才及格的。但是说来奇怪,从初中二年级以后,我就发生了一个根本转变,因为我认识到既然我的资质差些,就应该多用点儿时间来学习。别人学一小时,我就学两小时,这样,我的数学成绩得以不断提高。

一直到现在我也贯彻这个原则:别人看一篇东西要三小时,我就花三个半小时。经过长期积累,就多少可以看出成绩来。并且在基本技巧烂熟之后,往往能够一个钟头就看懂一篇人家看十天半月也解不透的文章。所以,前一段时间的加倍努力,在后一段时间能收到预想不到的效果。

是的,聪明在于学习,天才在于积累。

节选自华罗庚《聪明在于学习,天才在于积累》

语音提示:

1. 韧性　rènxìng
2. 仰慕不已　yǎngmù-bùyǐ
3. 信手拈来　xìnshǒu-niānlái
4. 妙手成章　miàoshǒu-chéngzhāng
5. 誉满天下　yùmǎn-tiānxià
6. 堡垒　bǎolěi
7. 丰富　fēngfù
8. 气馁　qìněi
9. 岔路　chàlù
10. 调换　diàohuàn
11. 努力　nǔlì
12. 天分　tiānfèn

作品 5 号

去过故宫大修现场的人,就会发现这里和外面工地的劳作景象有个明显的区别:这里没有起重机,建筑材料都是以手推车的形式送往工地,遇到人力无法运送的木料时,工人们会使用百年不变的工具——滑轮组。故宫修缮,尊重着"四原"原则,即原材料、原工艺、原结构、原型制。在不影响体现传统工艺技术手法特点的地方,工匠可以用电动工具,比如开荒料、截头。大多数时候工匠都用传统工具:木匠画线用的是墨斗、画签、毛笔、方尺、杖竿、五尺;加工制作木构件使用的工具有锛、凿、斧、锯、刨等等。

最能体现大修难度的便是瓦作中"苫背"的环节。"苫背"是指在房顶做灰背的过程,它相当于为木建筑添上防水层。有句口诀是三浆三压,也就是上三遍石灰浆,然后再压上三遍。但这是个虚数。今天是晴天,干得快,三浆三压硬度就能符合要求,要是赶上阴天,说不定就要六浆六压。任何一个环节的疏漏都可能导致漏雨,而这对建筑的损坏是致命的。

"工"字早在殷墟甲骨卜辞中就已经出现过。《周官》与《春秋左传》记载周王朝与诸侯都设有掌管营造的机构。无数名工巧匠为我们留下了那么多宏伟的建筑,但却//很少被列入史籍,扬名于后世。

匠人之所以称之为"匠",其实不仅仅是因为他们拥有了某种娴熟的技能,毕竟技能还可以通过时间的累积"熟能生巧",但蕴藏在"手艺"之上的那种对建筑本身的敬畏和热爱却需要从历史的长河中去寻觅。

将壮丽的紫禁城完好地交给未来,最能仰仗的便是这些默默奉献的匠人。故宫的修护注定是一场没有终点的接力,而他们就是最好的接力者。

节选自单霁翔《大匠无名》

语音提示:

1. 滑轮组　huálúnzǔ
2. 修缮　xiūshàn
3. 地方　dìfang
4. 截头　jiétóu
5. 木匠　mùjiang
6. 墨斗　mòdǒu
7. 杖竿　zhànggān
8. 木构件　mùgòujiàn
9. 锛　bēn
10. 凿　záo
11. 刨　bào
12. 苫背　shànbèi
13. 浆　jiāng
14. 疏漏　shūlòu
15. 殷墟　yīnxū
16. 甲骨卜辞　jiǎgǔ bǔcí
17. 记载　jìzǎi
18. 名工巧匠　mínggōng-qiǎojiàng

作品 6 号

立春过后,大地渐渐从沉睡中苏醒过来。冰雪融化,草木萌发,各种花次第开放。再过两个月,燕子翩然归来。不久,布谷鸟也来了。于是转入炎热的夏季,这是植物孕育果实的时期。到了秋天,果实成熟,植物的叶子渐渐变黄,在秋风中簌簌地落下来。北雁南飞,活跃在田间草际的昆虫也都销声匿迹。到处呈现一片衰草连天的景象,准备迎接风雪载途的寒冬。在地球上温带和亚热带区域里,年年如是,周而复始。

几千年来,劳动人民注意了草木荣枯、候鸟去来等自然现象同气候的关系,据以安排农事。杏花开了,就好像大自然在传语要赶快耕地;桃花开了,又好像在暗示要赶快种谷子。布谷鸟开始唱歌,劳动人民懂得它在唱什么:"阿公阿婆,割麦插禾。"这样看来,花香鸟语,草长莺飞,都是大自然的语言。

这些自然现象,我国古代劳动人民称它为物候。物候知识在我国起源很早。古代流传下来的许多农谚就包含了丰富的物候知识。到了近代,利用物候知识来研究农业生产,已经发展为一门科学,就是物候学。物候学记录植物的生长荣枯,动物的养育往来,如桃花开、燕子来等自然现象,从而了解随着时节//推移的气候变化和这种变化对动植物的影响。

节选自竺可桢《大自然的语言》

语音提示:

1. 翩然　piānrán
2. 布谷鸟　bùgǔniǎo
3. 转入　zhuǎnrù
4. 成熟　chéngshú
5. 簌簌　sùsù
6. 北雁南飞　běiyàn-nánfēi
7. 销声匿迹　xiāoshēng-nìjì
8. 衰草连天　shuāicǎo-liántiān
9. 风雪载途　fēngxuě-zàitú
10. 周而复始　zhōu'érfùshǐ
11. 花香鸟语　huāxiāng-niǎoyǔ
12. 草长莺飞　cǎozhǎng-yīngfēi
13. 物候　wùhòu
14. 农谚　nóngyàn
15. 生长荣枯　shēngzhǎng-róngkū

作品 7 号

当高速列车从眼前呼啸而过时,那种转瞬即逝的感觉让人们不得不发问:高速列车跑得那么快,司机能看清路吗?

高速列车的速度非常快,最低时速标准是二百公里。且不说能见度低的雾霾天,就是晴空万里的大白天,即使是视力好的司机,也不能保证正确识别地面的信号。当肉眼看到前面有障碍时,已经来不及反应。

专家告诉我,目前,我国时速三百公里以上的高铁线路不设置信号机,高速列车不用看信号行车,而是通过列控系统自动识别前进方向。其工作流程为,由铁路专用的全球数字移动通信系统来实现数据传输,控制中心实时接收无线电波信号,由计算机自动排列出每趟列车的最佳运行速度和最小行车间隔距离,实现实时追踪控制,确保高速列车间隔合理地安全运行。当然,时速二百至二百五十公里的高铁线路,仍然设置信号灯控制装置,由传统的轨道电路进行信号传输。

中国自古就有"千里眼"的传说,今日高铁让古人的传说成为现实。

所谓"千里眼",即高铁沿线的摄像头,几毫米见方的石子儿也逃不过它的法眼。通过摄像头实时采集沿线高速列车运行的信息,一旦//出现故障或者异物侵限,高铁调度指挥中心监控终端的界面上就会出现一个红色的框将目标锁定,同时,监控系统马上报警显示。调度指挥中心会迅速把指令传递给高速列车司机。

节选自王雄《当今"千里眼"》

语音提示:

1. 呼啸 hūxiào
2. 转瞬即逝 zhuǎnshùn-jíshì
3. 能见度 néngjiàndù
4. 雾霾 wùmái
5. 晴空万里 qíngkōng-wànlǐ
6. 障碍 zhàng'ài
7. 反应 fǎnyìng
8. 运行 yùnxíng
9. 间隔 jiàngé
10. 仍然 réngrán
11. 信号灯 xìnhàodēng
12. 千里眼 qiānlǐyǎn
13. 石子儿 shízǐr
14. 法眼 fǎyǎn

作品 8 号

从肇庆市驱车半小时左右,便到了东郊风景名胜鼎湖山。下了几天的小雨刚停,满山笼罩着轻纱似的薄雾。

过了寒翠桥,就听到淙淙的泉声。进山一看,草丛石缝,到处都涌流着清亮的泉水。草丰林茂,一路上泉水时隐时现,泉声不绝于耳。有时几股泉水交错流泻,遮断路面,我们得寻找着垫脚的石块跳跃着前进。愈往上走树愈密,绿阴愈浓。湿漉漉的绿叶,犹如大海的波浪,一层一层涌向山顶。泉水隐到了浓阴的深处,而泉声却更加清纯悦耳。忽然,云中传来钟声,顿时山鸣谷应,悠悠扬扬。安详厚重的钟声和欢快活泼的泉声,在雨后宁静的暮色中,汇成一片美妙的音响。

我们循着钟声,来到了半山腰的庆云寺。这是一座建于明代、规模宏大的岭南著名古刹。庭院里繁花似锦,古树参天。有一株与古刹同龄的茶花,还有两株从斯里兰卡引种的、有二百多年树龄的菩提树。我们决定就在这座寺院里借宿。

入夜,山中万籁俱寂,只有泉声一直传送到枕边。一路上听到的各种泉声,这时候躺在床上,可以用心细细地聆听、辨识、品味。那像小提琴一样轻柔的,是草丛中流淌的小溪的声音;那像琵琶一样清脆的,//是在石缝间跌落的涧水的声音;那像大提琴一样厚重回响的,是无数道细流汇聚于空谷的声音;那像铜管齐鸣一样雄浑磅礴的,是飞瀑急流跌入深潭的声音。还有一些泉声忽高忽低,忽急忽缓,忽清忽浊,忽扬忽抑,是泉水正在绕过树根,拍打卵石,穿越草丛,流连花间……

蒙眬中,那滋润着鼎湖山万木,孕育出蓬勃生机的清泉,仿佛汩汩地流进了我的心田。

节选自谢大光《鼎湖山听泉》

语音提示:

1. 肇庆　Zhàoqìng
2. 笼罩　lǒngzhào
3. 似的　shìde
4. 薄雾　bówù
5. 淙淙　cóngcóng
6. 石缝　shífèng
7. 草丰林茂　cǎofēng-línmào
8. 交错流泻　jiāocuò liúxiè
9. 湿漉漉　shīlùlù
10. 山鸣谷应　shān míng gǔ yìng
11. 活泼　huópo
12. 庆云寺　Qìngyún Sì
13. 岭南　lǐngnán
14. 古刹　gǔchà
15. 繁花似锦　fánhuā-sìjǐn
16. 古树参天　gǔshù-cāntiān
17. 斯里兰卡　Sīlǐlánkǎ
18. 菩提树　pútíshù
19. 万籁俱寂　wànlài-jùjì
20. 聆听　língtīng
21. 琵琶　pí·pá

作品 9 号

我常想读书人是世间幸福人,因为他除了拥有现实的世界之外,还拥有另一个更为浩瀚也更为丰富的世界。现实的世界是人人都有的,而后一个世界却为读书人所独有。由此我想,那些失去或不能阅读的人是多么的不幸,他们的丧失是不可补偿的。世间有诸多的不平等,财富的不平等,权力的不平等,而阅读能力的拥有或丧失却体现为精神的不平等。

一个人的一生,只能经历自己拥有的那一份欣悦,那一份苦难,也许再加上他亲自闻知的那一些关于自身以外的经历和经验。然而,人们通过阅读,却能进入不同时空的诸多他人的世界。这样,具有阅读能力的人,无形间获得了超越有限生命的无限可能性。阅读不仅使他多识了草木虫鱼之名,而且可以上溯远古下及未来,饱览存在的与非存在的奇风异俗。

更为重要的是,读书加惠于人们的不仅是知识的增广,而且还在于精神的感化与陶冶。人们从读书学做人,从那些往哲先贤以及当代才俊的著述中学得他们的人格。人们从《论语》中学得智慧的思考,从《史记》中学得严肃的历史精神,从《正气歌》中学得人格的刚烈,从马克思学得人世//的激情,从鲁迅学得批判精神,从托尔斯泰学得道德的执着。歌德的诗句刻写着睿智的人生,拜伦的诗句呼唤着奋斗的热情。一个读书人,一个有机会拥有超乎个人生命体验的幸运人。

节选自谢冕《读书人是幸福人》

语音提示:

1. 幸福　xìngfú
2. 因为　yīn·wèi
3. 浩瀚　hàohàn
4. 丧失　sàngshī
5. 诸多　zhūduō
6. 平等　píngděng
7. 精神　jīngshén
8. 苦难　kǔnàn
9. 生命　shēngmìng
10. 可能性　kěnéngxìng
11. 上溯　shàngsù
12. 人们　rénmen
13. 知识　zhīshi
14. 增广　zēngguǎng
15. 陶冶　táoyě
16. 往哲先贤　wǎngzhé xiānxián
17. 才俊　cáijùn
18. 著述　zhùshù
19. 学得　xuédé
20. 论语　lúnyǔ

作品 10 号

我爱月夜,但我也爱星天。从前在家乡七八月的夜晚在庭院里纳凉的时候,我最爱看天上密密麻麻的繁星。望着星天,我就会忘记一切,仿佛回到了母亲的怀里似的。

三年前在南京我住的地方有一道后门,每晚我打开后门,便看见一个静寂的夜。下面是一片菜园,上面是星群密布的蓝天。星光在我们的肉眼里虽然微小,然而它使我们觉得光明无处不在。那时候我正在读一些天文学的书,也认得一些星星,好像它们就是我的朋友,它们常常在和我谈话一样。

如今在海上,每晚和繁星相对,我把它们认得很熟了。我躺在舱面上,仰望天空。深蓝色的天空里悬着无数半明半昧的星。船在动,星也在动,它们是这样低,真是摇摇欲坠呢!渐渐地我的眼睛模糊了,我好像看见无数萤火虫在我的周围飞舞。海上的夜是柔和的,是静寂的,是梦幻的。我望着那许多认识的星,我仿佛看见它们在对我眨眼,我仿佛听见它们在小声说话。这时我忘记了一切。在星的怀抱中我微笑着,我沉睡着。我觉得自己是一个小孩子,现在睡在母亲的怀里了。

有一夜,那个在哥伦波上船的英国人指给我看天上的巨人。他用手指着://那四颗明亮的星是头,下面的几颗是身子,这几颗是手,那几颗是腿和脚,还有三颗星算是腰带。经他这一番指点,我果然看清楚了那个天上的巨人。看,那个巨人还在跑呢!

节选自巴金《繁星》

语音提示:

1. 庭院　tíngyuàn
2. 纳凉　nàliáng
3. 繁星　fánxīng
4. 仿佛　fǎngfú
5. 似的　shìde
6. 地方　dìfang
7. 静寂　jìngjì
8. 星星　xīngxing
9. 朋友　péngyou
10. 半明半昧　bànmíng-bànmèi
11. 眼睛　yǎnjing
12. 模糊　móhu
13. 萤火虫　yínghuǒchóng
14. 梦幻　mènghuàn
15. 眨眼　zhǎyǎn
16. 沉睡　chénshuì

作品 11 号

钱塘江大潮,自古以来被称为天下奇观。

农历八月十八是一年一度的观潮日。这一天早上,我们来到了海宁市的盐官镇,据说这里是观潮最好的地方。我们随着观潮的人群,登上了海塘大堤。宽阔的钱塘江横卧在眼前。江面很平静,越往东越宽,在雨后的阳光下,笼罩着一层蒙蒙的薄雾。镇海古塔、中山亭和观潮台屹立在江边。远处,几座小山在云雾中若隐若现。江潮还没有来,海塘大堤上早已人山人海。大家昂首东望,等着,盼着。

午后一点左右,从远处传来隆隆的响声,好像闷雷滚动。顿时人声鼎沸,有人告诉我们,潮来了!我们踮着脚往东望去,江面还是风平浪静,看不出有什么变化。过了一会儿,响声越来越大,只见东边水天相接的地方出现了一条白线,人群又沸腾起来。

那条白线很快地向我们移来,逐渐拉长,变粗,横贯江面。再近些,只见白浪翻滚,形成一堵两丈多高的水墙。浪潮越来越近,犹如千万匹白色战马齐头并进,浩浩荡荡地飞奔而来;那声音如同山崩地裂,好像大地都被震得颤动起来。

霎时,潮头奔腾西去,可是余波还在漫天卷地般涌来,江面上依旧风号浪吼。过了好久,钱塘江才恢复了//平静。看看堤下,江水已经涨了两丈来高了。

节选自赵宗成、朱明元《观潮》

语音提示:

1. 钱塘江　Qiántáng Jiāng
2. 农历　nónglì
3. 盐官镇　Yánguān Zhèn
4. 地方　dìfang
5. 大堤　dàdī
6. 横卧　héngwò
7. 笼罩　lǒngzhào
8. 薄雾　bówù
9. 屹立　yìlì
10. 若隐若现　ruòyǐn-ruòxiàn
11. 闷雷　mènléi
12. 人声鼎沸　rénshēng-dǐngfèi
13. 踮着　diǎnzhe
14. 风平浪静　fēngpíng-làngjìng
15. 一会儿　yíhuìr
16. 齐头并进　qítóu-bìngjìn
17. 山崩地裂　shānbēng-dìliè
18. 颤动　chàndòng
19. 霎时　shàshí
20. 漫天卷地　màntiān-juǎndì
21. 风号浪吼　fēngháo-lànghǒu

作品 12 号

我和几个孩子站在一片园子里,感受秋天的风。园子里长着几棵高大的梧桐树,我们的脚底下,铺了一层厚厚的梧桐叶。叶枯黄,脚踩在上面,嘎吱嘎吱脆响。风还在一个劲儿地刮,吹打着树上可怜的几片叶子,那上面,就快成光秃秃的了。

我给孩子们上写作课,让孩子们描摹这秋天的风。以为他们一定会说寒冷、残酷和荒凉之类的,结果却出乎我的意料。

一个孩子说,秋天的风,像把大剪刀,它剪呀剪的,就把树上的叶子全剪光了。

我赞许了这个比喻。有二月春风似剪刀之说,秋天的风,何尝不是一把剪刀呢? 只不过,它剪出来的不是花红叶绿,而是败柳残荷。

剪完了,它让阳光来住,这个孩子突然接着说一句。他仰向我的小脸,被风吹着,像只通红的小苹果。我怔住,抬头看树,那上面,果真的,爬满阳光啊,每根枝条上都是。失与得,从来都是如此均衡,树在失去叶子的同时,却承接了满树的阳光。

一个孩子说,秋天的风,像个魔术师,它会变出好多好吃的,菱角呀,花生呀,苹果呀,葡萄呀。还有桂花,可以做桂花糕。我昨天吃了桂花糕,妈妈说,是风变出来的。

我笑了。小可爱,经你这么一说,秋天的风,还真是香的。我和孩//子们一起嗅,似乎就闻见了风的味道,像块蒸得热气腾腾的桂花糕。

节选自丁立梅《孩子和秋风》

语音提示:

1. 梧桐树　wútóngshù
2. 嘎吱嘎吱　gāzhī gāzhī
3. 脆响　cuìxiǎng
4. 一个劲儿　yígèjìnr
5. 描摹　miáomó
6. 花红叶绿　huāhóng-yèlǜ
7. 败柳残荷　bàiliǔ-cánhé
8. 仰向　yǎngxiàng
9. 怔住　zhèngzhù
10. 啊　nga
11. 均衡　jūnhéng
12. 菱角　língjiao

作品 13 号

夕阳落山不久,西方的天空,还燃烧着一片橘红色的晚霞。大海,也被这霞光染成了红色,而且比天空的景色更要壮观。因为它是活动的,每当一排排波浪涌起的时候,那映照在浪峰上的霞光,又红又亮,简直就像一片片霍霍燃烧着的火焰,闪烁着,消失了。而后面的一排,又闪烁着,滚动着,涌了过来。

天空的霞光渐渐地淡下去了,深红的颜色变成了绯红,绯红又变为浅红。最后,当这一切红光都消失了的时候,那突然显得高而远了的天空,则呈现出一片肃穆的神色。最早出现的启明星,在这蓝色的天幕上闪烁起来了。它是那么大,那么亮,整个广漠的天幕上只有它在那里放射着令人注目的光辉,活像一盏悬挂在高空的明灯。

夜色加浓,苍空中的"明灯"越来越多了。而城市各处的真的灯火也次第亮了起来,尤其是围绕在海港周围山坡上的那一片灯光,从半空倒映在乌蓝的海面上,随着波浪,晃动着,闪烁着,像一串流动着的珍珠,和那一片片密布在苍穹里的星斗互相辉映,煞是好看。

在这幽美的夜色中,我踏着软绵绵的沙滩,沿着海边,慢慢地向前走去。海水,轻轻地抚摸着细软的沙滩,发出温柔的//唰唰声。晚来的海风,清新而又凉爽。我的心里,有着说不出的兴奋和愉快。

夜风轻飘飘地吹拂着,空气中飘荡着一种大海和田禾相混合的香味儿,柔软的沙滩上还残留着白天太阳炙晒的余温。那些在各个工作岗位上劳动了一天的人们,三三两两地来到这软绵绵的沙滩上,他们浴着凉爽的海风,望着那缀满了星星的夜空,尽情地说笑,尽情地休憩。

节选自峻青《海滨仲夏夜》

语音提示:

1. 燃烧 ránshāo
2. 染成 rǎnchéng
3. 因为 yīn·wèi
4. 浪峰 làngfēng
5. 霍霍 huòhuò
6. 闪烁 shǎnshuò
7. 绯红 fēihóng
8. 肃穆 sùmù
9. 启明星 qǐmíngxīng
10. 广漠 guǎngmò
11. 明灯 míngdēng
12. 次第 cìdì
13. 围绕 wéirào
14. 倒映 dàoyìng
15. 晃动 huàngdòng
16. 苍穹 cāngqióng
17. 星斗 xīngdǒu
18. 幽美 yōuměi
19. 软绵绵 ruǎnmiánmián
20. 细软 xìruǎn

作品14号

生命在海洋里诞生绝不是偶然的,海洋的物理和化学性质,使它成为孕育原始生命的摇篮。

我们知道,水是生物的重要组成部分,许多动物组织的含水量在百分之八十以上,而一些海洋生物的含水量高达百分之九十五。水是新陈代谢的重要媒介,没有它,体内的一系列生理和生物化学反应就无法进行,生命也就停止。因此,在短时期内动物缺水要比缺少食物更加危险。水对今天的生命是如此重要,它对脆弱的原始生命,更是举足轻重了。生命在海洋里诞生,就不会有缺水之忧。

水是一种良好的溶剂。海洋中含有许多生命所必需的无机盐,如氯化钠、氯化钾、碳酸盐、磷酸盐,还有溶解氧,原始生命可以毫不费力地从中吸取它所需要的元素。

水具有很高的热容量,加之海洋浩大,任凭夏季烈日曝晒,冬季寒风扫荡,它的温度变化却比较小。因此,巨大的海洋就像是天然的"温箱",是孕育原始生命的温床。

阳光虽然为生命所必需,但是阳光中的紫外线却有扼杀原始生命的危险。水能有效地吸收紫外线,因而又为原始生命提供了天然的"屏障"。

这一切都是原始生命得以产生和发展的必要条件。

节选自童裳亮《海洋与生命》

语音提示:

1. 生命　shēngmìng
2. 诞生　dànshēng
3. 孕育　yùnyù
4. 举足轻重　jǔzú-qīngzhòng
5. 氯化钠　lǜhuànà
6. 磷酸盐　línsuānyán
7. 溶解氧　róngjiěyǎng
8. 曝晒　pùshài
9. 比较　bǐjiào
10. 温床　wēnchuáng
11. 扼杀　èshā
12. 提供　tígōng
13. 屏障　píngzhàng

作品 15 号

在我国历史地理中,有三大都城密集区,它们是:关中盆地、洛阳盆地、北京小平原。其中每一个地区都曾诞生过四个以上大型王朝的都城。而关中盆地、洛阳盆地是前朝历史的两个都城密集区,正是它们构成了早期文明核心地带中最重要的内容。

为什么这个地带会成为华夏文明最先进的地区?这主要是由两个方面的条件促成的,一个是自然环境方面的,一个是人文环境方面的。

在自然环境方面,这里是我国温带季风气候带的南部,降雨、气温、土壤等条件都可以满足旱作农业的需求。中国北方的古代农作物,主要是一年生的粟和黍。黄河中下游的自然环境为粟黍作物的种植和高产提供了得天独厚的条件。农业生产的发达,会促进整个社会经济的发展,从而推动社会的进步。

在人文环境方面,这里是南北方、东西方大交流的轴心地区。在最早的六大新石器文化分布形势图中可以看到,中原处于这些文化分布的中央地带。无论是考古发现还是历史传说,都有南北文化长距离交流、东西文化相互碰撞的证据。中原地区在空间上恰恰位居中心,成为信息最发达、眼界最宽广、活动最//繁忙、竞争最激烈的地方。正是这些活动,推动了各项人文事务的发展,文明的方方面面就是在处理各类事务的过程中被开创出来的。

节选自唐晓峰《华夏文明的发展与融合》

语音提示:

1. 都城　dūchéng
2. 密集区　mìjíqū
3. 诞生过　dànshēngguo
4. 成为　chéngwéi
5. 促成　cùchéng
6. 旱作　hànzuò
7. 粟　sù
8. 黍　shǔ
9. 提供　tígōng
10. 得天独厚　détiān-dúhòu
11. 轴心　zhóuxīn
12. 处于　chǔyú
13. 证据　zhèngjù
14. 恰恰　qiàqià

作品 16 号

于很多中国人而言,火车就是故乡。在中国人的心中,故乡的地位尤为重要,老家的意义非同寻常,所以,即便是坐过无数次火车,但印象最深刻的,或许还是返乡那一趟车。那一列列返乡的火车所停靠的站台边,熙攘的人流中,匆忙的脚步里,张望的目光下,涌动着的都是思乡的情绪。每一次看见返乡那趟火车,总觉得是那样可爱与亲切,仿佛看见了千里之外的故乡。上火车后,车启动的一刹那,在车轮与铁轨碰撞的"况且"声中,思乡的情绪便陡然在车厢里弥漫开来。你知道,它将驶向的,是你最熟悉也最温暖的故乡。再过几个或者十几个小时,你就会回到故乡的怀抱。这般感受,相信在很多人的身上都曾发生过。尤其在春节、中秋等传统节日到来之际,亲人团聚的时刻,更为强烈。

火车是故乡,火车也是远方。速度的提升,铁路的延伸,让人们通过火车实现了向远方自由流动的梦想。今天的中国老百姓,坐着火车,可以去往九百六十多万平方公里土地上的天南地北,来到祖国东部的平原,到达祖国南方的海边,走进祖国西部的沙漠,踏上祖国北方的草原,去观三山五岳,去看大江大河……

火车与空//间有着密切的联系,与时间的关系也让人觉得颇有意思。那长长的车厢,仿佛一头连着中国的过去,一头连着中国的未来。

节选自舒翼《记忆像铁轨一样长》

语音提示:

1. 非同寻常　fēitóng-xúncháng
2. 即便　jíbiàn
3. 熙攘　xīrǎng
4. 张望　zhāngwàng
5. 涌动　yǒngdòng
6. 一刹那　yíchànà
7. 碰撞　pèngzhuàng
8. 陡然　dǒurán
9. 弥漫　mímàn
10. 熟悉　shú·xī
11. 延伸　yánshēn
12. 老百姓　lǎobǎixìng
13. 天南地北　tiānnán-dìběi
14. 三山五岳　sānshān-wǔyuè

作品 17 号

奶奶给我讲过这样一件事:有一次她去商店,走在她前面的一位阿姨推开沉重的大门,一直等到她跟上来才松开手。当奶奶向她道谢的时候,那位阿姨轻轻地说:"我的妈妈和您的年龄差不多,我希望她遇到这种时候,也有人为她开门。"听了这件事,我的心温暖了许久。

一天,我陪患病的母亲去医院输液,年轻的护士为母亲扎了两针也没有扎进血管里,眼见针眼处鼓起青包。我正要抱怨几句,一抬头看见了母亲平静的眼神——她正在注视着护士额头上密密的汗珠,我不禁收住了涌到嘴边的话。只见母亲轻轻地对护士说:"不要紧,再来一次!"第三针果然成功了。那位护士终于长出了一口气,她连声说:"阿姨,真对不起。我是来实习的,这是我第一次给病人扎针,太紧张了。要不是您的鼓励,我真不敢给您扎了。"母亲用另一只手拉着我,平静地对护士说:"这是我的女儿,和你差不多大小,正在医科大学读书,她也将面对自己的第一个患者。我真希望她第一次扎针的时候,也能得到患者的宽容和鼓励。"听了母亲的话,我的心里充满了温暖与幸福。

是啊,如果我们在生活中能将心比心,就会对老人生出一份//尊重,对孩子增加一份关爱,就会使人与人之间多一些宽容和理解。

节选自姜桂华《将心比心》

语音提示:

1. 年龄 niánlíng
2. 差不多 chà·bùduō
3. 患病 huànbìng
4. 血管 xuèguǎn
5. 针眼 zhēnyǎnr
6. 抱怨 bàoyuàn
7. 平静 píngjìng
8. 注视 zhùshì
9. 不禁 bùjīn
10. 扎针 zhāzhēn
11. 是啊 shìra
12. 将心比心 jiāngxīn-bǐxīn

作品 18 号

晋祠之美,在山,在树,在水。

这里的山,巍巍的,有如一道屏障;长长的,又如伸开的两臂,将晋祠拥在怀中。春日黄花满山,径幽香远;秋来草木萧疏,天高水清。无论什么时候拾级登山都会心旷神怡。

这里的树,以古老苍劲见长。有两棵老树:一棵是周柏,另一棵是唐槐。那周柏,树干劲直,树皮皲裂,顶上挑着几根青青的疏枝,偃卧于石阶旁。那唐槐,老干粗大,虬枝盘屈,一簇簇柔条,绿叶如盖。还有水边殿外的松柏槐柳,无不显出苍劲的风骨。以造型奇特见长的,有的偃如老妪负水,有的挺如壮士托天,不一而足。圣母殿前的左扭柏,拔地而起,直冲云霄,它的树皮上的纹理一齐向左边拧去,一圈一圈,丝纹不乱,像地下旋起了一股烟,又似天上垂下了一根绳。晋祠在古木的荫护下,显得分外幽静、典雅。

这里的水,多、清、静、柔。在园里信步,但见这里一泓深潭,那里一条小渠。桥下有河,亭中有井,路边有溪。石间细流脉脉,如线如缕;林中碧波闪闪,如锦如缎。这些水都来自"难老泉"。泉上有亭,亭上悬挂着清代著名学者傅山写的"难老泉"三个字。这么多的水长流不息,日日夜夜发出叮叮咚咚的响声。水的清澈真令人叫绝,无论//多深的水,只要光线好,游鱼碎石,历历可见。水的流势都不大,清清的微波,将长长的草蔓拉成一缕缕的丝,铺在河底,挂在岸边,合着那些金鱼、青苔以及石栏的倒影,织成一条条大飘带,穿亭绕榭,冉冉不绝。当年李白来到这里,曾赞叹说:"晋祠流水如碧玉。"当你沿着流水去观赏那亭台楼阁时,也许会这样问:这几百间建筑怕都是在水上漂着的吧!

节选自梁衡《晋祠》

语音提示:

1. 晋祠　jìncí
2. 径幽香远　jìngyōu-xiāngyuǎn
3. 草木萧疏　cǎomù xiāoshū
4. 拾级　shèjí
5. 苍劲　cāngjìng
6. 劲直　jìngzhí
7. 皲裂　zhòuliè
8. 偃卧　yǎnwò
9. 虬枝盘曲　qiúzhī pánqū
10. 一簇簇　yícùcù
11. 槐柳　huáiliǔ
12. 偃如　yǎnrú
13. 老妪　lǎoyù
14. 荫护　yìnhù
15. 分外　fènwài
16. 一泓　yìhóng
17. 细流脉脉　xìliú mòmò
18. 如线如缕　rú xiàn rú lǚ
19. 难老泉　Nánlǎoquán
20. 清澈　qīngchè

作品 19 号

人们常常把人与自然对立起来,宣称要征服自然。殊不知在大自然面前,人类永远只是一个天真幼稚的孩童,只是大自然机体上普通的一部分,正像一株小草只是她的普通一部分一样。如果说自然的智慧是大海,那么,人类的智慧就只是大海中的一个小水滴,虽然这个水滴也能映照大海,但毕竟不是大海,可是,人们竟然不自量力地宣称要用这滴水来代替大海。

看着人类这种狂妄的表现,大自然一定会窃笑——就像母亲面对无知的孩子那样的笑。人类的作品飞上了太空,打开了一个个微观世界,于是人类沾沾自喜,以为揭开了大自然的秘密。可是,在自然看来,人类上下翻飞的这片巨大空间,不过是咫尺之间而已,就如同鲲鹏看待斥鴳一般,只是蓬蒿之间罢了。即使从人类自身智慧发展史的角度看,人类也没有理由过分自傲:人类的知识与其祖先相比诚然有了极大的进步,似乎有嘲笑古人的资本;可是,殊不知对于后人而言我们也是古人,一万年以后的人们也同样会嘲笑今天的我们,也许在他们看来,我们的科学观念还幼稚得很,我们的航天器在他们眼中不过是个非常简单的//儿童玩具。

节选自严春友《敬畏自然》

语音提示:

1. 宣称   xuānchēng
2. 殊不知 shūbùzhī
3. 部分   bùfen
4. 映照   yìngzhào
5. 不自量力 búzìliànglì
6. 狂妄   kuángwàng
7. 窃笑   qièxiào
8. 沾沾自喜 zhānzhān-zìxǐ
9. 上下翻飞 shàngxià fānfēi
10. 咫尺   zhǐchǐ
11. 鲲鹏   kūnpéng
12. 斥鴳   chìyàn
13. 蓬蒿   pénghāo
14. 即使   jíshǐ
15. 祖先   zǔxiān
16. 诚然   chéngrán
17. 航天器 hángtiānqì

作品 20 号

舞台上的幕布拉开了，音乐奏起来了。演员们踩着音乐的拍子，以庄重而有节奏的步法走到灯光前面来了。灯光射在他们五颜六色的服装和头饰上，一片金碧辉煌的彩霞。

当女主角穆桂英以轻盈而矫健的步子出场的时候，这个平静的海面陡然动荡起来了，它上面卷起了一阵暴风雨：观众像触了电似的迅即对这位女英雄报以雷鸣般的掌声。她开始唱了。她圆润的歌喉在夜空中颤动，听起来辽远而又切近，柔和而又铿锵。戏词像珠子似的从她的一笑一颦中，从她优雅的"水袖"中，从她婀娜的身段中，一粒一粒地滚下来，滴在地上，溅到空中，落进每一个人的心里，引起一片深远的回音。这回音听不见，却淹没了刚才涌起的那一阵热烈的掌声。

观众像着了魔一样，忽然变得鸦雀无声。他们看得入了神。他们的感情和舞台上女主角的感情融在了一起。女主角的歌舞渐渐进入高潮。观众的情感也渐渐进入高潮。潮在涨。没有谁能控制住它。这个一度平静下来的人海忽然又动荡起来了。戏就在这时候要到达顶点。我们的女主角在这时候就像一朵盛开的鲜花，观众想把这朵鲜花捧在手里，不让//它消逝。他们不约而同地从座位上立起来，像潮水一样，涌到我们这位艺术家面前。舞台已经失去了界限，整个的剧场成了一个庞大的舞台。

我们这位艺术家是谁呢？他就是梅兰芳同志。半个世纪的舞台生涯过去了，六十六岁的高龄，仍然能创造出这样富有朝气的美丽形象，表现出这样充沛的青春活力，这不能不说是奇迹。这奇迹的产生是必然的，因为我们拥有这样热情的观众和这样热情的艺术家。

节选自叶君健《看戏》

语音提示：

1. 金碧辉煌 jīnbì-huīhuáng
2. 主角 zhǔjué
3. 轻盈 qīngyíng
4. 矫健 jiǎojiàn
5. 陡然 dǒurán
6. 似的 shìde
7. 迅即 xùnjí
8. 圆润 yuánrùn
9. 颤动 chàndòng
10. 铿锵 kēngqiāng
11. 一笑一颦 yí xiào yì pín
12. 婀娜 ēnuó
13. 淹没 yānmò
14. 着 zháo
15. 鸦雀无声 yāquè-wúshēng
16. 盛开 shèngkāi

作品 21 号

十年,在历史上不过是一瞬间。只要稍加注意,人们就会发现:在这一瞬间里,各种事物都悄悄经历了自己的千变万化。

这次重新访日,我处处感到亲切和熟悉,也在许多方面发觉了日本的变化。就拿奈良的一个角落来说吧,我重游了为之感受很深的唐招提寺,在寺内各处匆匆走了一遍,庭院依旧,但意想不到还看到了一些新的东西。其中之一,就是近几年从中国移植来的"友谊之莲"。

在存放鉴真遗像的那个院子里,几株中国莲昂然挺立,翠绿的宽大荷叶正迎风而舞,显得十分愉快。开花的季节已过,荷花朵朵已变为莲蓬累累。莲子的颜色正在由青转紫,看来已经成熟了。

我禁不住想:"因"已转化为"果"。

中国的莲花开在日本,日本的樱花开在中国,这不是偶然。我希望这样一种盛况延续不衰。

在这些日子里,我看到了不少多年不见的老朋友,又结识了一些新朋友。大家喜欢涉及的话题之一,就是古长安和古奈良。那还用得着问吗,朋友们缅怀过去,正是瞩望未来。瞩目于未来的人们必将。

我不例外,也希望一个美好的未来。

为了中日人民之间的友谊,我将不浪费今后生命的每一瞬间。//

节选自严文井《莲花和樱花》

语音提示：

1. 瞬间　shùnjiān
2. 熟悉　shú·xī
3. 奈良　Nàiliáng
4. 角落　jiǎoluò
5. 为之　wèizhī
6. 唐招提寺　Táng Zhāotí Sì
7. 东西　dōngxi
8. 友谊　yǒuyì
9. 鉴真　Jiànzhēn
10. 昂然　ángrán
11. 莲蓬累累　liánpeng léiléi
12. 莲子　liánzǐ
13. 成熟　chéngshú
14. 禁不住　jīn·búzhù
15. 转化为　zhuǎnhuàwéi
16. 樱花　yīnghuā
17. 盛况　shèngkuàng
18. 结识　jiéshí
19. 缅怀　miǎnhuái
20. 瞩望　zhǔwàng

作品 22 号

我打猎归来,沿着花园的林阴路走着。狗跑在我前边。

突然,狗放慢脚步,蹑足潜行,好像嗅到了前边有什么野物。

我顺着林阴路望去,看见了一只嘴边还带黄色、头上生着柔毛的小麻雀。风猛烈地吹打着林阴路上的白桦树,麻雀从巢里跌落下来,呆呆地伏在地上,孤立无援地张开两只羽毛还未丰满的小翅膀。

我的狗慢慢向它靠近。忽然,从附近一棵树上飞下一只黑胸脯的老麻雀,像一颗石子似的落到狗的跟前。老麻雀全身倒竖着羽毛,惊恐万状,发出绝望、凄惨的叫声,接着向露出牙齿、大张着的狗嘴扑去。

老麻雀是猛扑下来救护幼雀的,它用身体掩护着自己的幼儿……但它整个小小的身体因恐怖而战栗着,它小小的声音也变得粗暴嘶哑,它在牺牲自己!

在它看来,狗该是多么庞大的怪物啊!然而,它还是不能站在自己高高的、安全的树枝上……一种比它的理智更强烈的力量,使它从那儿扑下身来。

我的狗站住了,向后退了退……看来,它也感到了这种力量。

我赶紧唤住惊慌失措的狗,然后我怀着崇敬的心情,走开了。

是啊,请不要见笑。我崇敬那只小小的、英勇的鸟儿,我崇敬它那种爱的冲动和力量。

爱,我//想,比死和死的恐惧更强大。只有依靠它,依靠这种爱,生命才能维持下去,发展下去。

节选自 〔俄〕 屠格涅夫《麻雀》,巴金译

语音提示:

1. 蹑足潜行　nièzú-qiánxíng
2. 嗅　xiù
3. 白桦树　báihuàshù
4. 跌落　diēluò
5. 翅膀　chìbǎng
6. 胸脯　xiōngpú
7. 似的　shìde
8. 跟前　gēn·qián
9. 倒竖　dàoshù
10. 露出　lòuchū
11. 战栗　zhànlì
12. 嘶哑　sīyǎ
13. 牺牲　xīshēng
14. 啊　wa
15. 惊慌失措　jīnghuāng-shīcuò
16. 崇敬　chóngjìng
17. 是啊　shìra
18. 鸟儿　niǎo'ér

作品 23 号

在浩瀚无垠的沙漠里,有一片美丽的绿洲,绿洲里藏着一颗闪光的珍珠。这颗珍珠就是敦煌莫高窟。它坐落在我国甘肃省敦煌市三危山和鸣沙山的怀抱中。

鸣沙山东麓是平均高度为十七米的崖壁。在一千六百多米长的崖壁上,凿有大小洞窟七百余个,形成了规模宏伟的石窟群。其中四百九十二个洞窟中,共有彩色塑像两千一百余尊,各种壁画共四万五千多平方米。莫高窟是我国古代无数艺术匠师留给人类的珍贵文化遗产。

莫高窟的彩塑,每一尊都是一件精美的艺术品。最大的有九层楼那么高,最小的还不如一个手掌大。这些彩塑个性鲜明,神态各异。有慈眉善目的菩萨,有威风凛凛的天王,还有强壮勇猛的力士……

莫高窟壁画的内容丰富多彩,有的是描绘古代劳动人民打猎、捕鱼、耕田、收割的情景,有的是描绘人们奏乐、舞蹈、演杂技的场面,还有的是描绘大自然的美丽风光。其中最引人注目的是飞天。壁画上的飞天,有的臂挎花篮,采摘鲜花;有的反弹琵琶,轻拨银弦;有的倒悬身子,自天而降;有的彩带飘拂,漫天遨游;有的舒展着双臂,翩翩起舞。看着这些精美动人的壁画,就像走进了//灿烂辉煌的艺术殿堂。

莫高窟里还有一个面积不大的洞窟——藏经洞。洞里曾藏有我国古代的各种经卷、文书、帛画、刺绣、铜像等共六万多件。由于清朝政府腐败无能,大量珍贵的文物被外国强盗掠走。仅存的部分经卷,现在陈列于北京故宫等处。

莫高窟是举世闻名的艺术宝库。这里的每一尊彩塑、每一幅壁画、每一件文物,都是中国古代人民智慧的结晶。

节选自《莫高窟》

语音提示:

1. 浩瀚无垠 hàohàn wúyín
2. 敦煌 Dūnhuáng
3. 莫高窟 Mògāokū
4. 三危山 Sānwēi Shān
5. 鸣沙山 Míngshā Shān
6. 东麓 dōnglù
7. 崖壁 yábì
8. 塑像 sùxiàng
9. 菩萨 pú·sà
10. 威风凛凛 wēifēng-lǐnlǐn
11. 场面 chǎngmiàn
12. 挎 kuà
13. 琵琶 pí·pá
14. 轻拨银弦 qīng bō yínxián
15. 倒悬 dàoxuán
16. 飘拂 piāofú
17. 遨游 áoyóu
18. 翩翩起舞 piānpiān-qǐwǔ

作品 24 号

　　森林涵养水源,保持水土,防止水旱灾害的作用非常大。据专家测算,一片十万亩面积的森林,相当于一个两百万立方米的水库,这正如农谚所说的:"山上多栽树,等于修水库。雨多它能吞,雨少它能吐。"

　　说起森林的功劳,那还多得很。它除了为人类提供木材及许多种生产、生活的原料之外,在维护生态环境方面也是功劳卓著。它用另一种"能吞能吐"的特殊功能孕育了人类。因为地球在形成之初,大气中的二氧化碳含量很高,氧气很少,气温也高,生物是难以生存的。大约在四亿年之前,陆地才产生了森林。森林慢慢将大气中的二氧化碳吸收,同时吐出新鲜氧气,调节气温。这才具备了人类生存的条件,地球上才最终有了人类。

　　森林,是地球生态系统的主体,是大自然的总调度室,是地球的绿色之肺。森林维护地球生态环境的这种"能吞能吐"的特殊功能是其他任何物体都不能取代的。然而,由于地球上的燃烧物增多,二氧化碳的排放量急剧增加,使得地球生态环境急剧恶化,主要表现为全球气候变暖,水分蒸发加快,改变了气流的循环,使气候变化加剧,从而引发热浪、飓风、暴雨、洪涝及干旱。

　　为了//使地球的这个"能吞能吐"的绿色之肺恢复健壮,以改善生态环境,抑制全球变暖,减少水旱等自然灾害,我们应该大力造林、护林,使每一座荒山都绿起来。

节选自《"能吞能吐"的森林》

语音提示:

1. 森林　sēnlín
2. 测算　cèsuàn
3. 农谚　nóngyàn
4. 等于　děngyú
5. 提供　tígōng
6. 卓著　zhuózhù
7. 能吞能吐　néngtūn-néngtǔ
8. 因为　yīn·wèi
9. 调度室　diàodùshì
10. 排放量　páifàngliàng
11. 增加　zēngjiā
12. 水分　shuǐfèn
13. 蒸发　zhēngfā
14. 循环　xúnhuán
15. 飓风　jùfēng
16. 洪涝　hónglào

作品 25 号

中国没有人不爱荷花的。可我们楼前池塘中独独缺少荷花。每次看到或想到,总觉得是一块心病。有人从湖北来,带来了洪湖的几颗莲子,外壳呈黑色,极硬。据说,如果埋在淤泥中,能够千年不烂。我用铁锤在莲子上砸开了一条缝,让莲芽能够破壳而出,不至永远埋在泥中。把五六颗敲破的莲子投入池塘中,下面就是听天由命了。

这样一来,我每天就多了一件工作:到池塘边上去看上几次。心里总是希望,忽然有一天,"小荷才露尖尖角",有翠绿的莲叶长出水面。可是,事与愿违,投下去的第一年,一直到秋凉落叶,水面上也没有出现什么东西。但是到了第三年,却忽然出了奇迹。有一天,我忽然发现,在我投莲子的地方长出了几个圆圆的绿叶,虽然颜色极惹人喜爱,但是却细弱单薄,可怜兮兮地平卧在水面上,像水浮莲的叶子一样。

真正的奇迹出现在第四年上。到了一般荷花长叶的时候,在去年飘浮着五六个叶片的地方,一夜之间,突然长出了一大片绿叶,叶片扩张的速度,范围的扩大,都是惊人地快。几天之内,池塘内不小一部分,已经全为绿叶所覆盖。而且原来平卧在水面上的像是水浮莲一样的//叶片,不知道是从哪里聚集来了力量,有一些竟然跃出了水面,长成了亭亭的荷叶。这样一来,我心中的疑云一扫而光:池塘中生长的真正是洪湖莲花的子孙了。我心中狂喜,这几年总算是没有白等。

节选自季羡林《清塘荷韵》

语音提示:

1. 莲子　liánzǐ
2. 淤泥　yūní
3. 一条缝　yì tiáo fèngr
4. 莲芽　liányár
5. 破壳而出　pòké-érchū
6. 听天由命　tīngtiān-yóumìng
7. 露　lù
8. 翠绿　cuìlù
9. 事与愿违　shìyǔyuànwéi
10. 地方　dìfang
11. 单薄　dānbó
12. 水浮莲　shuǐfúlián
13. 漂浮　piāofú
14. 部分　bùfen

作品 26 号

在原始社会里,文字还没有创造出来,却先有了歌谣一类的东西。这也就是文艺。

文字创造出来以后,人就用它把所见所闻所想所感的一切记录下来。一首歌谣,不但口头唱,还要刻呀,漆呀,把它保留在什么东西上。这样,文艺和文字就并了家。

后来纸和笔普遍地使用了,而且发明了印刷术。凡是需要记录下来的东西,要多少份就可以有多少份。于是所谓文艺,从外表说,就是一篇稿子,一部书,就是许多文字的集合体。

文字是一道桥梁,通过了这一道桥梁,读者才和作者会面。不但会面,并且了解作者的心情,和作者的心情相契合。

就作者的方面说,文艺的创作决不是随便取许多文字来集合在一起。作者着手创作,必然对于人生先有所见,先有所感。他把这些所见所感写出来,不作抽象的分析,而作具体的描写,不作刻板的记载,而作想象的安排。他准备写的不是普通的论说文、记叙文;他准备写的是文艺。他动手写,不但选择那些最适当的文字,让它们集合起来,还要审查那些写下来的文字,看有没有应当修改或是增减的。总之,作者想做到的是:写下来的文字正好传达出他的所见所感。

就读者的//方面说,读者看到的是写在纸面或者印在纸面的文字,但是看到文字并不是他们的目的。他们要通过文字去接触作者的所见所感。

节选自叶圣陶《驱遣我们的想象》

语音提示:

1. 印刷术　yìnshuāshù
2. 集合体　jíhétǐ
3. 桥梁　qiáoliáng
4. 契合　qìhé
5. 着手　zhuóshǒu
6. 分析　fēnxī
7. 记载　jìzǎi
8. 适当　shìdàng
9. 应当　yīngdāng
10. 增减　zēngjiǎn

作品 27 号

语言,也就是说话,好像是极其稀松平常的事儿。可是仔细想想,实在是一件了不起的大事。正是因为说话跟吃饭、走路一样的平常,人们才不去想它究竟是怎么回事儿。其实这三件事儿都是极不平常的,都是使人类不同于别的动物的特征。

记得在小学里读书的时候,班上有一位"能文"的大师兄,在一篇作文的开头写下这么两句:"鹦鹉能言,不离于禽;猩猩能言,不离于兽。"我们看了都非常佩服。后来知道这两句是有来历的,只是字句有些出入。又过了若干年,才知道这两句话都有问题。鹦鹉能学人说话,可只是作为现成的公式来说,不会加以变化。只有人们说话是从具体情况出发,情况一变,话也跟着变。

西方学者拿黑猩猩做实验,它们能学会极其有限的一点儿符号语言,可是学不会把它变成有声语言。人类语言之所以能够"随机应变",在于一方面能把语音分析成若干音素,又把这些音素组合成音节,再把音节连缀起来。另一方面,又能分析外界事物及其变化,形成无数的"意念",一一配以语音,然后综合运用,表达各种复杂的意思。一句话,人类语言的特点就在于能用变化无穷的语音,表达变化无穷的//意义。这是任何其他动物办不到的。

节选自吕叔湘《人类的语言》

语音提示:

1. 稀松平常　xīsōng píngcháng
2. 事儿　shìr
3. 因为　yīn·wèi
4. 究竟　jiūjìng
5. 能文　néngwén
6. 鹦鹉　yīngwǔ
7. 不离于禽　bù lí yú qín
8. 猩猩　xīngxing
9. 不离于兽　bù lí yú shòu
10. 人们　rénmen
11. 一点儿　yìdiǎnr
12. 随机应变　suíjī-yìngbiàn
13. 音素　yīnsù
14. 连缀　liánzhuì
15. 形成　xíngchéng
16. 意念　yìniàn
17. 意思　yìsi

作品 28 号

父亲喜欢下象棋。那一年,我大学回家度假,父亲教我下棋。

我们俩摆好棋,父亲让我先走三步,可不到三分钟,三下五除二,我的兵将损失大半,棋盘上空荡荡的,只剩下老帅、士和一车两卒在孤军奋战。我还不肯罢休,可是已无力回天,眼睁睁看着父亲"将军",我输了。

我不服气,摆棋再下。几次交锋,基本上都是不到十分钟我就败下阵来。我不禁有些泄气。父亲对我说:"你初学下棋,输是正常的。但是你要知道输在什么地方;否则,你就是再下上十年,也还是输。"

"我知道,输在棋艺上。我技术上不如你,没经验。"

"这只是次要因素,不是最重要的。"

"那最重要的是什么?"我奇怪地问。

"最重要的是你的心态不对。你不珍惜你的棋子。"

"怎么不珍惜呀?我每走一步,都想半天。"我不服气地说。

"那是后来,开始你是这样吗?我给你计算过,你三分之二的棋子是在前三分之一的时间内丢失的。这期间你走棋不假思索,拿起来就走,失了也不觉得可惜。因为你觉得棋子很多,失一两个不算什么。"

我看看父亲,不好意思地低下头。"后三分之二的时间,你又犯了相反的错误:对棋子过于珍惜,每走一步,都思前想后,患得患失,一个棋也不想失,//结果一个一个都失去了。"

节选自林夕《人生如下棋》

语音提示:

1. 喜欢　xǐhuan
2. 空荡荡　kōngdàngdàng
3. 一车两卒　yì jū liǎng zú
4. 眼睁睁　yǎnzhēngzhēng
5. 将军　jiāngjūn
6. 不禁　bùjīn
7. 什么　shénme
8. 地方　dìfang
9. 珍惜　zhēnxī
10. 棋子　qízǐ
11. 不假思索　bùjiǎ-sīsuǒ
12. 因为　yīn·wèi
13. 思前想后　sīqián-xiǎnghòu
14. 患得患失　huàndé-huànshī

作品 29 号

仲夏，朋友相邀游十渡。在城里住久了，一旦进入山水之间，竟有一种生命复苏的快感。

下车后，我们舍弃了大路，挑选了一条半隐半现在庄稼地里的小径，弯弯绕绕地来到了十渡渡口。夕阳下的拒马河慷慨地撒出一片散金碎玉，对我们表示欢迎。岸边山崖上刀斧痕犹存的崎岖小道，高低凸凹，虽没有"难于上青天"的险恶，却也有踏空了滚到拒马河洗澡的风险。狭窄处只能手扶岩石贴壁而行。当"东坡草堂"几个红漆大字赫然出现在前方岩壁时，一座镶嵌在岩崖间的石砌茅草屋同时跃进眼底。草屋被几级石梯托得高高的，屋下俯瞰着一湾河水，屋前顺山势辟出了一片空地，算是院落吧！右侧有一小小的蘑菇形的凉亭，内设石桌石凳，亭顶褐黄色的茅草像流苏般向下垂泻，把现实和童话串成了一体。草屋的构思者最精彩的一笔，是设在院落边沿的柴门和篱笆，走近这儿，便有了"花径不曾缘客扫，蓬门今始为君开"的意思。

当我们重登凉亭时，远处的蝙蝠山已在夜色下化为剪影，好像就要展翅扑来。拒马河趁人们看不清它的容貌时豁开了嗓门儿韵味十足地唱呢！偶有不安分的小鱼儿和青蛙蹦跳//成声，像是为了强化这夜曲的节奏。此时，只觉世间唯有水声和我，就连偶尔从远处赶来歇脚的晚风，也悄无声息。

当我渐渐被夜的凝重与深邃所融蚀，一缕新的思绪涌动时，对岸沙滩上燃起了篝火，那鲜亮的火光，使夜色有了躁动感。篝火四周，人影绰约，如歌似舞。朋友说，那是北京的大学生们，结伴来这儿度周末的。遥望那明灭无定的火光，想象着篝火映照的青春年华，也是一种意想不到的乐趣。

节选自刘延《十渡游趣》

语音提示：

1. 仲夏　zhòngxià
2. 朋友　péngyou
3. 生命　shēngmìng
4. 庄稼　zhuāngjia
5. 散金碎玉　sǎnjīn-suìyù
6. 崎岖　qíqū
7. 凸凹　tū'āo
8. 赫然　hèrán
9. 镶嵌　xiāngqiàn
10. 岩崖间　yányájiān
11. 俯瞰　fǔkàn
12. 辟出　pìchū
13. 蘑菇形　móguxíng
14. 亭顶　tíngdǐng
15. 褐黄色　hèhuángsè
16. 串成　chuànchéng
17. 篱笆　líba
18. 蝙蝠　biānfú
19. 豁开　huōkāi
20. 嗓门儿　sǎngménr
21. 蹦跳　bèngtiào

作品 30 号

在闽西南和粤东北的崇山峻岭中,点缀着数以千计的圆形围屋或土楼,这就是被誉为"世界民居奇葩"的客家民居。

客家人是古代从中原繁盛的地区迁到南方的。他们的居住地大多在偏僻、边远的山区,为了防备盗匪的骚扰和当地人的排挤,便建造了营垒式住宅,在土中掺石灰,用糯米饭、鸡蛋清作黏合剂,以竹片、木条作筋骨,夯筑起墙厚一米,高十五米以上的土楼。它们大多为三至六层楼,一百至二百多间房屋如橘瓣状排列,布局均匀,宏伟壮观。大部分土楼有两三百年甚至五六百年的历史,经受无数次地震撼动、风雨侵蚀以及炮火攻击而安然无恙,显示了传统建筑文化的魅力。

客家先民崇尚圆形,认为圆是吉祥、幸福和安宁的象征。土楼围成圆形的房屋均按八卦布局排列,卦与卦之间设有防火墙,整齐划一。

客家人在治家、处事、待人、立身等方面,无不体现出明显的文化特征。比如,许多房屋大门上刻着这样的正楷对联:"承前祖德勤和俭,启后子孙读与耕",表现了先辈希望子孙和睦相处、勤俭持家的愿望。楼内房间大小一模一样,他们不分贫富、贵贱,每户人家平等地分到底层至高层各//一间房。各层房屋的用途惊人地统一,底层是厨房兼饭堂,二层当贮仓,三层以上作卧室,两三百人聚居一楼,秩序井然,毫不混乱。土楼内所保留的民俗文化,让人感受到中华传统文化的深厚久远。

节选自张宇生《世界民居奇葩》

语音提示:

1. 闽西南　Mǐnxīnán
2. 粤东北　Yuèdōngběi
3. 崇山峻岭　chóngshān-jùnlǐng
4. 点缀　diǎnzhuì
5. 奇葩　qípā
6. 偏僻　piānpì
7. 骚扰　sāorǎo
8. 营垒　yínglěi
9. 掺　chān
10. 黏合剂　niánhéjì
11. 夯筑　hāngzhù
12. 橘瓣状　júbànzhuàng
13. 均匀　jūnyún
14. 侵蚀　qīnshí
15. 安然无恙　ānrán-wúyàng
16. 崇尚　chóngshàng
17. 整齐划一　zhěngqí-huàyī
18. 处事　chǔshì
19. 和睦　hémù
20. 一模一样　yìmú-yíyàng

作品 31 号

我国的建筑,从古代的宫殿到近代的一般住房,绝大部分是对称的,左边怎么样,右边也怎么样。苏州园林可绝不讲究对称,好像故意避免似的。东边有了一个亭子或者一道回廊,西边决不会来一个同样的亭子或者一道同样的回廊。这是为什么?我想,用图画来比方,对称的建筑是图案画,不是美术画,而园林是美术画,美术画要求自然之趣,是不讲究对称的。

苏州园林里都有假山和池沼。

假山的堆叠,可以说是一项艺术而不仅是技术。或者是重峦叠嶂,或者是几座小山配合着竹子花木,全在乎设计者和匠师们生平多阅历,胸中有丘壑,才能使游览者攀登的时候忘却苏州城市,只觉得身在山间。

至于池沼,大多引用活水。有些园林池沼宽敞,就把池沼作为全园的中心,其他景物配合着布置。水面假如成河道模样,往往安排桥梁。假如安排两座以上的桥梁,那就一座一个样,决不雷同。

池沼或河道的边沿很少砌齐整的石岸,总是高低屈曲任其自然。还在那儿布置几块玲珑的石头,或者种些花草。这也是为了取得从各个角度看都成一幅画的效果。池沼里养着金鱼或各色鲤鱼,夏秋季节荷花或睡莲//开放,游览者看"鱼戏莲叶间",又是入画的一景。

节选自叶圣陶《苏州园林》

语音提示:

1. 对称　duìchèn
2. 怎么样　zěnmeyàng
3. 讲究　jiǎng·jiū
4. 似的　shìde
5. 比方　bǐfang
6. 池沼　chízhǎo
7. 堆叠　duīdié
8. 重峦叠嶂　chóngluán-diézhàng
9. 在乎　zàihu
10. 生平　shēngpíng
11. 丘壑　qiūhè
12. 模样　múyàng
13. 边沿　biānyán
14. 齐整　qízhěng
15. 高低屈曲　gāodī qūqū
16. 玲珑　línglóng
17. 石头　shítou
18. 一幅　yìfú

作品 32 号

泰山极顶看日出,历来被描绘成十分壮观的奇景。有人说:登泰山而看不到日出,就像一出大戏没有戏眼,味儿终究有点寡淡。

我去爬山那天,正赶上个难得的好天,万里长空,云彩丝儿都不见。素常烟雾腾腾的山头,显得眉目分明。同伴们都欣喜地说:"明天早晨准可以看见日出了。"我也是抱着这种想头,爬上山去。

一路从山脚往上爬,细看山景,我觉得挂在眼前的不是五岳独尊的泰山,却像一幅规模惊人的青绿山水画,从下面倒展开来。在画卷中最先露出的是山根底那座明朝建筑岱宗坊,慢慢地便现出王母池、斗母宫、经石峪。山是一层比一层深,一叠比一叠奇,层层叠叠,不知还会有多深多奇,万山丛中,时而点染着极其工细的人物。王母池旁的吕祖殿里有不少尊明塑,塑着吕洞宾等一些人,姿态神情是那样有生气,你看了,不禁会脱口赞叹说:"活啦。"

画卷继续展开,绿阴森森的柏洞露面不太久,便来到对松山。两面奇峰对峙着,满山峰都是奇形怪状的老松,年纪怕都有上千岁了,颜色竟那么浓,浓得好像要流下来似的。来到这儿,你不妨权当一次画里的写意人物,坐在路旁的对松亭里,看看山色,听听流//水和松涛。

一时间,我又觉得自己不仅是在看画卷,却又像是在零零乱乱翻着一卷历史稿本。

节选自杨朔《泰山极顶》

语音提示:

1. 奇景　qíjǐng
2. 戏眼　xìyǎn
3. 味儿　wèir
4. 有点　yǒudiǎnr
5. 云彩丝儿　yúncaisīr
6. 山头　shāntóu
7. 想头　xiǎngtou
8. 一幅　yìfú
9. 倒展　dàozhǎn
10. 露出　lòuchū
11. 山根　shāngēnr
12. 岱宗坊　Dàizōngfāng
13. 斗母宫　Dǒumǔgōng
14. 经石峪　Jīngshíyù
15. 层层叠叠　céngcéng diédié
16. 点染　diǎnrǎn
17. 吕祖殿　Lǚzǔdiàn
18. 不禁　bùjīn
19. 柏洞　Bǎidòng
20. 露面　lòumiàn
21. 对峙　duìzhì
22. 似的　shìde
23. 权当　quándàng

作品 33 号

在太空的黑幕上,地球就像站在宇宙舞台中央那位最美的大明星,浑身散发出夺人心魄的、彩色的、明亮的光芒,她披着浅蓝色的纱裙和白色的飘带,如同天上的仙女缓缓飞行。

地理知识告诉我,地球上大部分地区覆盖着海洋,我果然看到了大片蔚蓝色的海水,浩瀚的海洋骄傲地披露着广阔壮观的全貌,我还看到了黄绿相间的陆地,连绵的山脉纵横其间;我看到我们平时所说的天空,大气层中飘浮着片片雪白的云彩,那么轻柔,那么曼妙,在阳光普照下,仿佛贴在地面上一样。海洋、陆地、白云,它们呈现在飞船下面,缓缓驶来,又缓缓离去。

我知道自己还是在轨道上飞行,并没有完全脱离地球的怀抱,冲向宇宙的深处,然而这也足以让我震撼了,我并不能看清宇宙中众多的星球,因为实际上它们离我们的距离非常遥远,很多都是以光年计算。正因为如此,我觉得宇宙的广袤真实地摆在我的眼前,即便作为中华民族第一个飞天的人我已经跑到离地球表面四百公里的空间,可以称为太空人了,但是实际上在浩瀚的宇宙面前,我仅像一粒尘埃。

虽然独自在太空飞行,但我想到了此刻千万//中国人翘首以待,我不是一个人在飞,我是代表所有中国人,甚至人类来到了太空。我看到的一切证明了中国航天技术的成功,我认为我的心情一定要表达一下,就拿出太空笔,在工作日志背面写了一句话:"为了人类的和平与进步,中国人来到太空了。"以此来表达一个中国人的骄傲和自豪。

节选自杨利伟《天地九重》

语音提示:

1. 明星　míngxīng
2. 心魄　xīnpò
3. 浩瀚　hàohàn
4. 披露　pīlù
5. 黄绿相间　huáng-lǜ xiāngjiàn
6. 纵横其间　zònghéng qíjiān
7. 云彩　yúncai
8. 曼妙　mànmiào
9. 星球　xīngqiú
10. 因为　yīn·wèi
11. 广袤　guǎngmào
12. 即便　jíbiàn
13. 称为　chēngwéi
14. 尘埃　chén'āi

作品 34 号

最使我难忘的,是我小学时候的女教师蔡芸芝先生。

现在回想起来,她那时有十八九岁。右嘴角边有榆钱大小一块黑痣。在我的记忆里,她是一个温柔和美丽的人。

她从来不打骂我们。仅仅有一次,她的教鞭好像要落下来,我用石板一迎,教鞭轻轻地敲在石板边上,大伙笑了,她也笑了。我用儿童的狡猾的眼光察觉,她爱我们,并没有存心要打的意思。孩子们是多么善于观察这一点啊。

在课外的时候,她教我们跳舞,我现在还记得她把我扮成女孩子表演跳舞的情景。

在假日里,她把我们带到她的家里和女朋友的家里。在她的女朋友的园子里,她还让我们观察蜜蜂;也是在那时候,我认识了蜂王,并且平生第一次吃了蜂蜜。

她爱诗,并且爱用歌唱的音调教我们读诗。直到现在我还记得她读诗的音调,还能背诵她教我们的诗:

圆天盖着大海,

黑水托着孤舟,

远看不见山,

那天边只有云头,

也看不见树,

那水上只有海鸥……

今天想来,她对我的接近文学和爱好文学,是有着多么有益的影响!

像这样的教师,我们怎么会不喜欢她,怎么会不愿意和她亲近呢?我们见了她不由得就围上去。即使她写字的时候,我//们也默默地看着她,连她握铅笔的姿势都急于模仿。

节选自魏巍《我的老师》

语音提示:

1. 蔡芸芝　Cài Yúnzhī
2. 先生　xiānsheng
3. 榆钱　yúqián
4. 一块　yíkuàir
5. 黑痣　hēizhì
6. 一次　yícì
7. 一迎　yìyíng
8. 大伙　dàhuǒr
9. 狡猾　jiǎohuá
10. 啊　na
11. 情景　qíngjǐng
12. 蜜蜂　mìfēng
13. 音调　yīndiào
14. 即使　jíshǐ

作品 35 号

我喜欢出发。

凡是到达了的地方,都属于昨天。哪怕那山再青,那水再秀,那风再温柔。太深的流连便成了一种羁绊,绊住的不仅有双脚,还有未来。

怎么能不喜欢出发呢?没见过大山的巍峨,真是遗憾;见了大山的巍峨没见过大海的浩瀚,仍然遗憾;见了大海的浩瀚没见过大漠的广袤,依旧遗憾;见了大漠的广袤没见过森林的神秘,还是遗憾。世界上有不绝的风景,我有不老的心情。

我自然知道,大山有坎坷,大海有浪涛,大漠有风沙,森林有猛兽。即便这样,我依然喜欢。

打破生活的平静便是另一番景致,一种属于年轻的景致。真庆幸,我还没有老。即便真老了又怎么样,不是有句话叫老当益壮吗?

于是,我还想从大山那里学习深刻,我还想从大海那里学习勇敢,我还想从大漠那里学习沉着,我还想从森林那里学习机敏。我想学着品味一种缤纷的人生。

人能走多远?这话不是要问两脚而是要问志向。人能攀多高?这事不是要问双手而是要问意志。于是,我想用青春的热血给自己树起一个高远的目标。不仅是为了争取一种光荣,更是为了追求一种境界。目标实现了,便是光荣;目标实现不了,人生也会因//这一路风雨跋涉变得丰富而充实;在我看来,这就是不虚此生。

是的,我喜欢出发,愿你也喜欢。

节选自汪国真《我喜欢出发》

语音提示:

1. 流连 liúlián
2. 羁绊 jībàn
3. 巍峨 wēi'é
4. 浩瀚 hàohàn
5. 仍然 réngrán
6. 广袤 guǎngmào
7. 坎坷 kǎnkě
8. 即便 jíbiàn
9. 景致 jǐngzhì
10. 庆幸 qìngxìng
11. 老当益壮 lǎodāng yìzhuàng
12. 沉着 chénzhuó
13. 缤纷 bīnfēn
14. 热血 rèxuè

作品 36 号

乡下人家总爱在屋前搭一瓜架,或种南瓜,或种丝瓜,让那些瓜藤攀上棚架,爬上屋檐。当花儿落了的时候,藤上便结出了青的、红的瓜,它们一个个挂在房前,衬着那长长的藤,绿绿的叶。青、红的瓜,碧绿的藤和叶,构成了一道别有风趣的装饰,比那高楼门前蹲着一对石狮子或是竖着两根大旗杆,可爱多了。

有些人家,还在门前的场地上种几株花,芍药,凤仙,鸡冠花,大丽菊,它们依着时令,顺序开放,朴素中带着几分华丽,显出一派独特的农家风光。还有些人家,在屋后种几十枝竹,绿的叶,青的竿,投下一片浓浓的绿荫。几场春雨过后,到那里走走,你常常会看见许多鲜嫩的笋,成群地从土里探出头来。

鸡,乡下人家照例总要养几只的。从他们的房前屋后走过,你肯定会瞧见一只母鸡,率领一群小鸡,在竹林中觅食;或是瞧见耸着尾巴的雄鸡,在场地上大踏步地走来走去。

他们的屋后倘若有一条小河,那么在石桥旁边,在绿树荫下,你会见到一群鸭子游戏水中,不时地把头扎到水下去觅食。即使附近的石头上有妇女在捣衣,它们也从不吃惊。

若是在夏天的傍晚出去散步,你常常会瞧见乡下人家吃晚饭//的情景。他们把桌椅饭菜搬到门前,天高地阔地吃起来。天边的红霞,向晚的微风,头上飞过的归巢的鸟儿,都是他们的好友。它们和乡下人家一起,绘成了一幅自然、和谐的田园风景画。

节选自陈醉云《乡下人家》

语音提示:

1. 人家　rénjiā
2. 瓜藤　guāténg
3. 棚架　péngjià
4. 屋檐　wūyán
5. 花儿　huā'ér
6. 结出　jiēchū
7. 旗杆　qígān
8. 芍药　sháoyao
9. 鸡冠花　jīguānhuā
10. 时令　shílìng
11. 绿荫　lùyīn
12. 几场　jǐcháng
13. 鲜嫩　xiānnèn
14. 觅食　mìshí
15. 尾巴　wěiba
16. 倘若　tǎngruò
17. 扎　zhā
18. 捣衣　dǎoyī

作品 37 号

我们的船渐渐地逼近榕树了。我有机会看清它的真面目:是一棵大树,有数不清的丫枝,枝上又生根,有许多根一直垂到地上,伸进泥土里。一部分树枝垂到水面,从远处看,就像一棵大树斜躺在水面上一样。

现在正是枝繁叶茂的时节。这棵榕树好像在把它的全部生命力展示给我们看。那么多的绿叶,一簇堆在另一簇的上面,不留一点儿缝隙。翠绿的颜色明亮地在我们的眼前闪耀,似乎每一片树叶上都有一个新的生命在颤动,这美丽的南国的树!

船在树下泊了片刻,岸上很湿,我们没有上去。朋友说这里是"鸟的天堂",有许多鸟在这棵树上做窝,农民不许人去捉它们。我仿佛听见几只鸟扑翅的声音,但是等到我的眼睛注意地看那里时,我却看不见一只鸟的影子,只有无数的树根立在地上,像许多根木桩。地是湿的,大概涨潮时河水常常冲上岸去。"鸟的天堂"里没有一只鸟,我这样想到。船开了,一个朋友拨着船,缓缓地流到河中间去。

第二天,我们划着船到一个朋友的家乡去,就是那个有山有塔的地方。从学校出发,我们又经过那"鸟的天堂"。

这一次是在早晨,阳光照在水面上,也照在树梢上。一切都//显得非常光明。我们的船也在树下泊了片刻。

起初四周围非常清静。后来忽然起了一声鸟叫。我们把手一拍,便看见一只大鸟飞了起来,接着又看见第二只,第三只。我们继续拍掌,很快地这个树林就变得很热闹了。到处都是鸟声,到处都是鸟影。大的,小的,花的,黑的,有的站在枝上叫,有的飞起来,在扑翅膀。

节选自巴金《小鸟的天堂》

语音提示:

1. 船 chuán
2. 榕树 róngshù
3. 数不清 shǔ·bùqīng
4. 丫枝 yāzhī
5. 生根 shēnggēn
6. 泥土里 nítǔ·lǐ
7. 枝繁叶茂 zhīfán-yèmào
8. 生命力 shēngmìnglì
9. 一簇 yícù
10. 缝隙 fèngxì
11. 翠绿 cuìlǜ
12. 似乎 sìhū
13. 生命 shēngmìng
14. 颤动 chàndòng
15. 泊 bó
16. 扑翅 pūchì
17. 眼睛 yǎnjing
18. 涨潮 zhǎngcháo
19. 拨着 bōzhe
20. 树梢 shùshāo

作品 38 号

两百多年前,科学家做了一次实验。他们在一间屋子里横七竖八地拉了许多绳子,绳子上系着许多铃铛,然后把蝙蝠的眼睛蒙上,让它在屋子里飞。蝙蝠飞了几个钟头,铃铛一个也没响,那么多的绳子,它一根也没碰着。

科学家又做了两次实验:一次把蝙蝠的耳朵塞上,一次把蝙蝠的嘴封住,让它在屋子里飞。蝙蝠就像没头苍蝇似的到处乱撞,挂在绳子上的铃铛响个不停。

三次实验的结果证明,蝙蝠夜里飞行,靠的不是眼睛,而是靠嘴和耳朵配合起来探路的。

后来,科学家经过反复研究,终于揭开了蝙蝠能在夜里飞行的秘密。它一边飞,一边从嘴里发出超声波。而这种声音,人的耳朵是听不见的,蝙蝠的耳朵却能听见。超声波向前传播时,遇到障碍物就反射回来,传到蝙蝠的耳朵里,它就立刻改变飞行的方向。

知道蝙蝠在夜里如何飞行,你猜到飞机夜间飞行的秘密了吗?现代飞机上安装了雷达,雷达的工作原理与蝙蝠探路类似。雷达通过天线发出无线电波,无线电波遇到障碍物就反射回来,被雷达接收到,显示在荧光屏上。从雷达的荧光屏上,驾驶员能够清楚地看到前方有没有障碍物,所//以飞机飞行就更安全了。

节选自《夜间飞行的秘密》

语音提示:

1. 横七竖八　héngqī-shùbā
2. 绳子　shéngzi
3. 系着　jìzhe
4. 铃铛　língdang
5. 蝙蝠　biānfú
6. 眼睛　yǎnjing
7. 蒙上　méng·shàng
8. 塞上　sāi·shàng
9. 苍蝇　cāngying
10. 似的　shìde
11. 超声波　chāoshēngbō
12. 障碍物　zhàng'àiwù
13. 荧光屏　yíngguāngpíng

作品 39 号

北宋时候,有位画家叫张择端。他画了一幅名扬中外的画《清明上河图》。这幅画长五百二十八厘米,高二十四点八厘米,画的是北宋都城汴梁热闹的场面。这幅画已经有八百多年的历史了,现在还完整地保存在北京的故宫博物院里。

张择端画这幅画的时候,下了很大的功夫。光是画上的人物,就有五百多个:有从乡下来的农民,有撑船的船工,有做各种买卖的生意人,有留着长胡子的道士,有走江湖的医生,有摆小摊的摊贩,有官吏和读书人,三百六十行,哪一行的人都画在上面了。

画上的街市可热闹了。街上有挂着各种招牌的店铺、作坊、酒楼、茶馆,走在街上的,是来来往往、形态各异的人:有的骑着马,有的挑着担,有的赶着毛驴,有的推着独轮车,有的悠闲地在街上溜达。画面上的这些人,有的不到一寸,有的甚至只有黄豆那么大。别看画上的人小,每个人在干什么,都能看得清清楚楚。

最有意思的是桥北头的情景:一个人骑着马,正往桥下走。因为人太多,眼看就要碰上对面来的一乘轿子。就在这个紧急时刻,那个牧马人一下子拽住了马笼头,这才没碰上那乘轿子。不过,这么一来,倒把马右边的//两头小毛驴吓得又踢又跳。站在桥栏杆边欣赏风景的人,被小毛驴惊扰了,连忙回过头来赶小毛驴。你看,张择端画的画,是多么传神啊!

《清明上河图》使我们看到了八百年以前的古都风貌,看到了当时普通老百姓的生活场景。

节选自滕明道《一幅名扬中外的画》

语音提示:

1. 张择端   Zhāng Zéduān
2. 一幅   yìfú
3. 名扬中外   míngyáng-zhōngwài
4. 汴梁   biànliáng
5. 热闹   rènao
6. 功夫   gōngfu
7. 乡下   xiāngxia
8. 买卖   mǎimai
9. 道士   dàoshi
10. 小摊   xiǎotānr
11. 摊贩   tānfàn
12. 官吏   guānlì
13. 招牌   zhāopai
14. 作坊   zuōfang
15. 茶馆   cháguǎnr
16. 形态各异   xíngtài-gèyì
17. 溜达   liūda
18. 清清楚楚   qīngqīng chǔchǔ
19. 因为   yīn·wèi
20. 一乘   yíshèng
21. 轿子   jiàozi
22. 拽住   zhuàizhù
23. 马笼头   mǎlóngtou

作品 40 号

二〇〇〇年，中国第一个以科学家名字命名的股票"隆平高科"上市。八年后，名誉董事长袁隆平所持有的股份以市值计算已经过亿。从此，袁隆平又多了个"首富科学家"的名号。而他身边的学生和工作人员，却很难把这位老人和"富翁"联系起来。

"他哪里有富人的样子。"袁隆平的学生们笑着议论。在学生们的印象里，袁老师永远黑黑瘦瘦，穿一件软塌塌的衬衣。在一次会议上，袁隆平坦言："不错，我身价二〇〇八年就一千零八亿了，可我真的有那么多钱吗？没有。我现在就是靠每个月六千多元的工资生活，已经很满足了。我今天穿的衣服就五十块钱，但我喜欢的还是昨天穿的那件十五块钱的衬衫，穿着很精神。"袁隆平认为，"一个人的时间和精力是有限的，如果老想着享受，哪有心思搞科研？搞科学研究就是要淡泊名利，踏实做人"。

在工作人员眼中，袁隆平其实就是一位身板硬朗的"人民农学家"，"老人下田从不要人搀扶，拿起套鞋，脚一蹬就走"。袁隆平说："我有八十岁的年龄，五十多岁的身体，三十多岁的心态，二十多岁的肌肉弹性。"袁隆平的业余生活非常丰富，钓鱼、打排球、听音乐……他说，就是喜欢这些//不花钱的平民项目。

二〇一〇年九月，袁隆平度过了他的八十岁生日。当时，他许了个愿：到九十岁时，要实现亩产一千公斤！如果全球百分之五十的稻田种植杂交水稻，每年可增产一点五亿吨粮食，可多养活四亿到五亿人口。

节选自刘畅《一粒种子造福世界》

语音提示：

1. 命名　mìngmíng
2. 隆平高科　Lóngpíng Gāokē
3. 富翁　fùwēng
4. 软塌塌　ruǎntātā
5. 坦言　tǎnyán
6. 精神　jīngshen
7. 心思　xīnsi
8. 淡泊名利　dànbó-mínglì
9. 踏实　tāshi
10. 身板　shēnbǎnr
11. 硬朗　yìnglang
12. 搀扶　chānfú
13. 年龄　niánlíng

作品 41 号

北京的颐和园是个美丽的大公园。

进了颐和园的大门,绕过大殿,就来到有名的长廊。绿漆的柱子,红漆的栏杆,一眼望不到头。这条长廊有七百多米长,分成二百七十三间。每一间的横槛上都有五彩的画,画着人物、花草、风景,几千幅画没有哪两幅是相同的。长廊两旁栽满了花木,这一种花还没谢,那一种花又开了。微风从左边的昆明湖上吹来,使人神清气爽。

走完长廊,就来到了万寿山脚下。抬头一看,一座八角宝塔形的三层建筑耸立在半山腰上,黄色的琉璃瓦闪闪发光。那就是佛香阁。下面的一排排金碧辉煌的宫殿,就是排云殿。

登上万寿山,站在佛香阁的前面向下望,颐和园的景色大半收在眼底。葱郁的树丛,掩映着黄的绿的琉璃瓦屋顶和朱红的宫墙。正前面,昆明湖静得像一面镜子,绿得像一块碧玉。游船、画舫在湖面慢慢地滑过,几乎不留一点儿痕迹。向东远眺,隐隐约约可以望见几座古老的城楼和城里的白塔。

从万寿山下来,就是昆明湖。昆明湖围着长长的堤岸,堤上有好几座式样不同的石桥,两岸栽着数不清的垂柳。湖中心有个小岛,远远望去,岛上一片葱绿,树丛中露出宫殿的一角。//游人走过长长的石桥,就可以去小岛上玩。这座石桥有十七个桥洞,叫十七孔桥。桥栏杆上有上百根石柱,柱子上都雕刻着小狮子。这么多的狮子,姿态不一,没有哪两只是相同的。

颐和园到处有美丽的景色,说也说不尽,希望你有机会去细细游赏。

节选自袁鹰《颐和园》

语音提示:

1. 颐和园　Yíhéyuán
2. 大殿　dàdiàn
3. 长廊　chángláng
4. 栏杆　lángān
5. 横槛　héngjiàn
6. 风景　fēngjǐng
7. 哪两幅　nǎ liǎng fú
8. 昆明湖　Kūnmínghú
9. 神清气爽　shénqīng-qìshuǎng
10. 万寿山　Wànshòushān
11. 三层　sāncéng
12. 耸立　sǒnglì
13. 琉璃瓦　liú·líwǎ
14. 佛香阁　Fóxiānggé
15. 葱郁　cōngyù
16. 掩映　yǎnyìng
17. 画舫　huàfǎng
18. 几乎　jīhū
19. 一点儿　yìdiǎnr
20. 隐隐约约　yǐnyǐnyuēyuē
21. 堤岸　dī'àn
22. 露出　lòuchū

作品 42 号

一谈到读书,我的话就多了!

我自从会认字后不到几年,就开始读书。倒不是四岁时读母亲给我的商务印书馆出版的国文教科书第一册的"天、地、日、月、山、水、土、木"以后的那几册,而是七岁时开始自己读的"话说天下大势,分久必合,合久必分……"的《三国演义》。

那时,我的舅父杨子敬先生每天晚饭后必给我们几个表兄妹讲一段《三国演义》,我听得津津有味,什么"宴桃园豪杰三结义,斩黄巾英雄首立功",真是好听极了。但是他讲了半个钟头,就停下去干他的公事了。我只好带着对于故事下文的无限悬念,在母亲的催促下,含泪上床。

此后,我决定咬了牙,拿起一本《三国演义》来,自己一知半解地读了下去,居然越看越懂,虽然字音都读得不对,比如把"凯"念作"岂",把"诸"念作"者"之类,因为我只学过那个字一半部分。

谈到《三国演义》,我第一次读到关羽死了,哭了一场,把书丢下了。第二次再读到诸葛亮死了,又哭了一场,又把书丢下了,最后忘了是什么时候才把全书读到"分久必合"的结局。

这时我同时还看了母亲针线笸箩里常放着的那几本《聊斋志异》,聊斋故事是短篇的,可以随时拿起放下,又是文言的,这对于我的//作文课很有帮助,因为老师曾在我的作文本上批着"柳州风骨,长吉清才"的句子,其实我那时还没有读过柳宗元和李贺的文章,只因那时的作文,都是用文言写的。

书看多了,从中也得到一个体会,物怕比,人怕比,书也怕比,"不比不知道,一比吓一跳"。

因此,某年的六一国际儿童节,有个儿童刊物要我给儿童写几句指导读书的话,我只写了九个字,就是:

读书好,多读书,读好书。

节选自冰心《忆读书》

语音提示:

1. 不是　búshì
2. 杨子敬　Yáng Zǐjìng
3. 先生　xiānsheng
4. 津津有味　jīnjīn-yǒuwèi
5. 英雄　yīngxióng
6. 钟头　zhōngtóu
7. 故事　gùshi
8. 一知半解　yìzhī-bànjiě
9. 岂　qǐ
10. 因为　yīn·wèi
11. 部分　bùfen
12. 一场　yìcháng
13. 笸箩　pǒluo

作品 43 号

徐霞客是明朝末年的一位奇人。他用双脚，一步一步地走遍了半个中国大陆，游览过许多名山大川，经历过许多奇人异事。他把游历的观察和研究记录下来，写成了《徐霞客游记》这本千古奇书。

当时的读书人，都忙着追求科举功名，抱着"十年寒窗无人问，一举成名天下知"的观念，埋头于经书之中。徐霞客却卓尔不群，醉心于古今史籍及地志、山海图经的收集和研读。他发现此类书籍很少，记述简略且多有相互矛盾之处，于是他立下雄心壮志，要走遍天下，亲自考察。

此后三十多年，他与长风为伍，云雾为伴，行程九万里，历尽千辛万苦，获得了大量第一手考察资料。徐霞客日间攀险峰，涉危涧，晚上就是再疲劳，也一定录下当日见闻。即使荒野露宿，栖身洞穴，也要"燃松拾穗，走笔为记"。

徐霞客的时代，没有火车，没有汽车，没有飞机，他所去的许多地方连道路都没有，加上明朝末年治安不好，盗匪横行，长途旅行是非常艰苦又非常危险的事。

有一次，他和三个同伴到西南地区，沿路考察石灰岩地形和长江源流。走了二十天，一个同伴难耐旅途劳顿，不辞而别。到了衡阳附近又遭遇土匪抢劫，财物尽失，还险//些被杀害。好不容易到了南宁，另一个同伴不幸病死，徐霞客忍痛继续西行。到了大理，最后一个同伴也因为吃不了苦，偷偷地走了，还带走了他仅存的行囊。但是，他还是坚持目标，继续他的研究工作，最后找到了答案，推翻历史上的错误，证明长江的源流不是岷江而是金沙江。

节选自《阅读大地的徐霞客》

语音提示：

1. 名山大川　míngshān-dàchuān
2. 奇人异事　qírén-yìshì
3. 一举成名　yìjǔ chéngmíng
4. 卓尔不群　zhuó'ěr-bùqún
5. 史籍　shǐjí
6. 雄心壮志　xióngxīn-zhuàngzhì
7. 行程　xíngchéng
8. 攀险峰　pān xiǎnfēng
9. 危涧　wēijiàn
10. 晚上　wǎnshang
10. 即使　jíshǐ
11. 露宿　lùsù
12. 栖身　qīshēn
13. 洞穴　dòngxué
14. 拾穗　shísuì
15. 地方　dìfang
16. 盗匪　dàofěi
17. 横行　héngxíng
18. 难耐　nánnài

作品 44 号

造纸术的发明,是中国对世界文明的伟大贡献之一。

早在几千年前,我们的祖先就创造了文字。可那时候还没有纸,要记录一件事情,就用刀把文字刻在龟甲和兽骨上,或者把文字铸刻在青铜器上。后来,人们又把文字写在竹片和木片上。这些竹片、木片用绳子穿起来,就成了一册书。但是,这种书很笨重,阅读、携带、保存都很不方便。古时候用"学富五车"形容一个人学问高,是因为书多的时候需要用车来拉。再后来,有了蚕丝织成的帛,就可以在帛上写字了。帛比竹片、木片轻便,但是价钱太贵,只有少数人能用,不能普及。

人们用蚕茧制作丝绵时发现,盛放蚕茧的篾席上,会留下一层薄片,可用于书写。考古学家发现,在两千多年前的西汉时代,人们已经懂得了用麻来造纸。但麻纸比较粗糙,不便书写。

大约在一千九百年前的东汉时代,有个叫蔡伦的人,吸收了人们长期积累的经验,改进了造纸术。他把树皮、麻头、稻草、破布等原料剪碎或切断,浸在水里捣烂成浆;再把浆捞出来晒干,就成了一种既轻便又好用的纸。用这种方法造的纸,原料容易得到,可以大量制造,价格又便宜,能满足多数人的需要,所//以这种造纸方法就传承下来了。

我国的造纸术首先传到邻近的朝鲜半岛和日本,后来又传到阿拉伯世界和欧洲,极大地促进了人类社会的进步和文化的发展,影响了全世界。

节选自《纸的发明》

语音提示:

1. 造纸术　zàozhǐshù
2. 我们　wǒmen
3. 时候　shíhou
4. 事情　shìqing
5. 铸刻　zhùkè
6. 青铜器　qīngtóngqì
7. 绳子　shéngzi
8. 学富五车　xuéfù wǔchē
9. 学问　xuéwen
10. 因为　yīn·wèi
11. 帛　bó
12. 轻便　qīngbiàn
13. 价钱　jià·qián
14. 少数　shǎoshù
15. 蚕茧　cánjiǎn
16. 盛放　chéngfàng
17. 篾席　mièxí
18. 薄片　báopiàn
19. 粗糙　cūcāo
20. 便宜　piányi

作品 45 号

中国的第一大岛、台湾省的主岛台湾，位于中国大陆架的东南方，地处东海和南海之间，隔着台湾海峡和大陆相望。天气晴朗的时候，站在福建沿海较高的地方，就可以隐隐约约地望见岛上的高山和云朵。

台湾岛形状狭长，从东到西，最宽处只有一百四十多公里；由南至北，最长的地方约有三百九十多公里。地形像一个纺织用的梭子。

台湾岛上的山脉纵贯南北，中间的中央山脉犹如全岛的脊梁。西部为海拔近四千米的玉山山脉，是中国东部的最高峰。全岛约有三分之一的地方是平地，其余为山地。岛内有缎带般的瀑布，蓝宝石似的湖泊，四季常青的森林和果园，自然景色十分优美。西南部的阿里山和日月潭，台北市郊的大屯山风景区，都是闻名世界的游览胜地。

台湾岛地处热带和温带之间，四面环海，雨水充足，气温受到海洋的调剂，冬暖夏凉，四季如春，这给水稻和果木生长提供了优越的条件。水稻、甘蔗、樟脑是台湾的"三宝"。岛上还盛产鲜果和鱼虾。

台湾岛还是一个闻名世界的"蝴蝶王国"。岛上的蝴蝶共有四百多个品种，其中有不少是世界稀有的珍贵品种。岛上还有不少鸟语花香的蝴//蝶谷，岛上居民利用蝴蝶制作的标本和艺术品，远销许多国家。

节选自《中国的宝岛——台湾》

语音提示：

1. 地处　dìchǔ
2. 天气　tiānqì
3. 时候　shíhou
4. 较高　jiàogāo
5. 地方　dìfang
6. 梭子　suōzi
7. 山脉　shānmài
8. 纵贯　zòngguàn
9. 脊梁　jǐ·liáng
10. 瀑布　pùbù
11. 似的　shìde
12. 湖泊　húpō
13. 屯　tún
14. 调剂　tiáojì
15. 提供　tígōng
16. 甘蔗　gānzhe
17. 盛产　shèngchǎn

作品 46 号

对于中国的牛,我有着一种特别尊敬的感情。

留给我印象最深的,要算在田垄上的一次"相遇"。

一群朋友郊游,我领头在狭窄的阡陌上走,怎料迎面来了几头耕牛,狭道容不下人和牛,终有一方要让路。它们还没有走近,我们已经预计斗不过畜牲,恐怕难免踩到田地泥水里,弄得鞋袜又泥又湿了。正踟蹰的时候,带头的一头牛,在离我们不远的地方停下来,抬起头看看,稍迟疑一下,就自动走下田去。一队耕牛,全跟着它离开阡陌,从我们身边经过。

我们都呆了,回过头来,看着深褐色的牛队,在路的尽头消失,忽然觉得自己受了很大的恩惠。

中国的牛,永远沉默地为人做着沉重的工作。在大地上,在晨光或烈日下,它拖着沉重的犁,低头一步又一步,拖出了身后一列又一列松土,好让人们下种。等到满地金黄或农闲时候,它可能还得担当搬运负重的工作;或终日绕着石磨,朝同一方向,走不计程的路。

在它沉默的劳动中,人便得到应得的收成。

那时候,也许,它可以松一肩重担,站在树下,吃几口嫩草。偶尔摇摇尾巴,摆摆耳朵,赶走飞附身上的苍蝇,已经算是它最闲适的生活了。

中国的牛,没有成群奔跑的习//惯,永远沉沉实实的,默默地工作,平心静气。这就是中国的牛!

节选自 (香港) 小思《中国的牛》

语音提示:

1. 田垄　tiánlǒng
2. 朋友　péngyou
3. 领头　lǐngtóu
4. 狭窄　xiázhǎi
5. 阡陌　qiānmò
6. 耕牛　gēngniú
7. 畜牲　chùsheng
8. 踟蹰　chíchú
9. 时候　shíhou
10. 我们　wǒmen
11. 地方　dìfang
12. 深褐色　shēnhèsè
13. 为人　wèirén
14. 人们　rénmen
15. 下种　xiàzhǒng
16. 得　děi
17. 绕　rào
18. 石磨　shímò
19. 应得　yīngdé
20. 收成　shōucheng
21. 重担　zhòngdàn
22. 尾巴　wěiba
23. 耳朵　ěrduo
24. 苍蝇　cāngying

作品 47 号

　　石拱桥的桥洞成弧形,就像虹。古代神话里说,雨后彩虹是"人间天上的桥",通过彩虹就能上天。我国的诗人爱把拱桥比作虹,说拱桥是"卧虹""飞虹",把水上拱桥形容为"长虹卧波"。

　　我国的石拱桥有悠久的历史。《水经注》里提到的"旅人桥",大约建成于公元二八二年,可能是有记载的最早的石拱桥了。我国的石拱桥几乎到处都有。这些桥大小不一,形式多样,有许多是惊人的杰作。其中最著名的当推河北省赵县的赵州桥。

　　赵州桥非常雄伟,全长五十点八二米。桥的设计完全合乎科学原理,施工技术更是巧妙绝伦。全桥只有一个大拱,长达三十七点四米,在当时可算是世界上最长的石拱。桥洞不是普通半圆形,而是像一张弓,因而大拱上面的道路没有陡坡,便于车马上下。大拱的两肩上,各有两个小拱。这个创造性的设计,不但节约了石料,减轻了桥身的重量,而且在河水暴涨的时候,还可以增加桥洞的过水量,减轻洪水对桥身的冲击。同时,拱上加拱,桥身也更美观。大拱由二十八道拱圈拼成,就像这么多同样形状的弓合拢在一起,做成一个弧形的桥洞。每道拱圈都能独立支撑上面的重量,一道坏了,其//他各道不致受到影响。全桥结构匀称,和四周景色配合得十分和谐;桥上的石栏石板也雕刻得古朴美观。赵州桥高度的技术水平和不朽的艺术价值,充分显示了我国劳动人民的智慧和力量。

节选自茅以升《中国石拱桥》

语音提示:

1. 石拱桥　shígǒngqiáo
2. 弧形　húxíng
3. 长虹卧波　chánghóng-wòbō
4. 水经注　Shuǐjīngzhù
5. 旅人桥　Lǚrénqiáo
6. 记载　jìzǎi
7. 几乎　jīhū
8. 惊人　jīngrén
9. 著名　zhùmíng
10. 当时　dāngshí
11. 便于　biànyú
12. 重量　zhòngliàng
13. 暴涨　bàozhǎng
14. 时候　shíhou
15. 拱圈　gǒngquān
16. 匀称　yúnchèn

作品 48 号

不管我的梦想能否成为事实,说出来总是好玩儿的:

春天,我将要住在杭州。二十年前,旧历的二月初,在西湖我看见了嫩柳与菜花,碧浪与翠竹。由我看到的那点儿春光,已经可以断定,杭州的春天必定会教人整天生活在诗与图画之中。所以,春天我的家应当是在杭州。

夏天,我想青城山应当算作最理想的地方。在那里,我虽然只住过十天,可是它的幽静已拴住了我的心灵。在我所看见过的山水中,只有这里没有使我失望。到处都是绿,目之所及,那片淡而光润的绿色都在轻轻地颤动,仿佛要流入空中与心中似的。这个绿色会像音乐,涤清了心中的万虑。

秋天一定要住北平。天堂是什么样子,我不知道,但是从我的生活经验去判断,北平之秋便是天堂。论天气,不冷不热。论吃的,苹果、梨、柿子、枣儿、葡萄,每样都有若干种。论花草,菊花种类之多,花式之奇,可以甲天下。西山有红叶可见,北海可以划船——虽然荷花已残,荷叶可还有一片清香。衣食住行,在北平的秋天,是没有一项不使人满意的。

冬天,我还没有打好主意,成都或者相当地合适,虽然并不怎样和暖,可是为了水仙,素心腊梅,各色的茶花,仿佛就受一点儿寒//冷,也颇值得去了。昆明的花也多,而且天气比成都好,可是旧书铺与精美而便宜的小吃远不及成都那么多。好吧,就暂这么规定:冬天不住成都便住昆明吧。

节选自老舍《"住"的梦》

语音提示:

1. 梦想　mèngxiǎng
2. 嫩柳　nènliǔ
3. 教人　jiàorén
4. 地方　dìfang
5. 幽静　yōujìng
6. 拴　shuān
7. 似的　shìde
8. 涤　dí
9. 什么　shénme
10. 样子　yàngzi
11. 主意　zhǔyi
12. 和暖　hénuǎn
13. 一点儿　yìdiǎnr

作品 49 号

在北京市东城区著名的天坛公园东侧,有一片占地面积近二十万平方米的建筑区域,大大小小的十余栋训练馆坐落其间。这里就是国家体育总局训练局。许多我们耳熟能详的中国体育明星都曾在这里挥汗如雨,刻苦练习。

中国女排的一天就是在这里开始的。

清晨八点钟,女排队员们早已集合完毕,准备开始一天的训练。主教练郎平坐在场外长椅上,目不转睛地注视着跟随助理教练们做热身运动的队员们,她身边的座位上则横七竖八地堆放着女排姑娘们的各式用品:水、护具、背包,以及各种外行人叫不出名字的东西。不远的墙上悬挂着一面鲜艳的国旗,国旗两侧是"顽强拼搏"和"为国争光"两条红底黄字的横幅,格外醒目。

"走下领奖台,一切从零开始"十一个大字,和国旗遥遥相望,姑娘们训练之余偶尔一瞥就能看到。只要进入这个训练馆,过去的鲜花、掌声与荣耀皆成为历史,所有人都只是最普通的女排队员。曾经的辉煌、骄傲、胜利,在踏入这间场馆的瞬间全部归零。

踢球跑、垫球跑、夹球跑……这些对普通人而言和杂技差不多的项目是女排队员们必须熟练掌握的基本技能。接下来//的任务是小比赛。郎平将队员们分为几组,每一组由一名教练监督,最快完成任务的小组会得到一面小红旗。

看着这些年轻的姑娘们在自己的眼前来来去去,郎平的思绪常飘回到三十多年前。那时风华正茂的她是中国女排的主攻手,她和队友们也曾在这间训练馆里夜以继日地并肩备战。三十多年来,这间训练馆从内到外都发生了很大的变化:原本粗糙的地面变成了光滑的地板,训练用的仪器越来越先进,中国女排的团队中甚至还出现了几张陌生的外国面孔……但时光荏苒,不变的是这支队伍对排球的热爱和"顽强拼搏,为国争光"的初心。

节选自宋元明《走下领奖台,一切从零开始》

语音提示:

1. 著名　zhùmíng
2. 耳熟能详　ěrshú-néngxiáng
3. 挥汗如雨　huīhàn-rúyǔ
4. 清晨　qīngchén
5. 横七竖八　héngqī-shùbā
6. 姑娘们　gūniangmen
7. 外行　wàiháng
8. 东西　dōngxi
9. 横幅　héngfú
10. 零　líng
11. 一瞥　yìpiē
12. 成为　chéngwéi
13. 曾经　céngjīng
14. 瞬间　shùnjiān
15. 夹球　jiāqiú
16. 熟练　shúliàn

作品 50 号

在一次名人访问中,被问及上个世纪最重要的发明是什么时,有人说是电脑,有人说是汽车,等等。但新加坡的一位知名人士却说是冷气机。他解释,如果没有冷气,热带地区如东南亚国家,就不可能有很高的生产力,就不可能达到今天的生活水准。他的回答实事求是,有理有据。

看了上述报道,我突发奇想:为什么没有记者问:"二十世纪最糟糕的发明是什么?"其实二〇〇二年十月中旬,英国的一家报纸就评出了"人类最糟糕的发明"。获此"殊荣"的,就是人们每天大量使用的塑料袋。

诞生于上个世纪三十年代的塑料袋,其家族包括用塑料制成的快餐饭盒、包装纸、餐用杯盘、饮料杯、酸奶杯、雪糕杯等。这些废弃物形成的垃圾,数量多、体积大、重量轻、不降解,给治理工作带来很多技术难题和社会问题。

比如,散落在田间、路边及草丛中的塑料餐盒,一旦被牲畜吞食,就会危及健康甚至导致死亡。填埋废弃塑料袋、塑料餐盒的土地,不能生长庄稼和树木,造成土地板结,而焚烧处理这些塑料垃圾,则会释放出多种化学有毒气体,其中一种称为二噁英的化合物,毒性极大。

此外,在生产塑料袋、塑料餐盒的过//程中使用的氟利昂,对人体免疫系统和生态环境造成的破坏也极为严重。

节选自林光如《最糟糕的发明》

语音提示:

1. 一次　yícì
2. 为什么　wèishénme
3. 殊荣　shūróng
4. 塑料袋　sùliàodài
5. 降解　jiàngjiě
6. 牲畜　shēngchù
7. 填埋　tiánmái
8. 焚烧　fénshāo
9. 处理　chǔlǐ
10. 称为　chēngwéi
11. 二噁英　èr'èyīng

第六章 命题说话测试指导与训练

第一节 命题说话测试指导

普通话水平测试第四项"命题说话",要求应试人在没有文字凭借的情况下,根据选定的话题说一段话,时间3分钟,共计40分①。本测试项旨在考查应试人在没有文字凭借的情况下说普通话的语音标准程度、词汇语法规范程度和自然流畅程度。应试人必须按照选定的题目连续说话,3分钟内所说的所有音节均为评分依据。

"命题说话"项没有文字凭借,没有参照文本,是测试中难度最大、分值最多、考查内容最全的一项,最能反映出应试人的普通话水平。

一、测试要求

要求应试人在10秒钟内,从试卷给出的两个话题中选定一个话题作为测试话题,进入话题,倒计时30秒后,围绕选定话题连续说话3分钟。

二、测试范围

命题说话话题均出自《纲要》中《普通话水平测试用话题》,共50则。话题只对说话范围作规定,并不规定具体内容。每份试卷随机出现两个话题题目,应试人任选一个作为测试话题。

注意:不要同时说两个话题,也不可中途改换话题。

---

① 目前,江苏及大部分省(自治区、直辖市)语言文字工作部门根据本地区的实际情况,免测"选择判断"测试项,"命题说话"测试项的分值由30分调整为40分。

三、测试评分

目前,计算机辅助普通话水平测试是主要的测试方式。测试前三项("读单音节字词"项、"读多音节词语"项、"朗读短文"项)评分由计算机评测系统完成,"命题说话"项由测试员在线评测,或一人一机进行评测。具体评分标准如下:

1. 语音标准程度,共 25 分。分六档:

一档:没有语音错误,扣 0 分;错误 1~2 次,扣 1 分;错误 3~4 次,扣 2 分。

二档:语音错误在 5~7 次之间,有方音但不明显,扣 3 分;语音错误 8 次、9 次,有方音但不明显,扣 4 分。

三档:语音错误在 5~7 次之间,但方音明显,扣 5 分;语音错误 8 次、9 次,但方音明显,扣 6 分。语音错误在 10~15 次之间,有方音但不明显,扣 5 分、6 分。

四档:语音错误在 10~15 次之间,方音比较明显,扣 7 分、8 分。

五档:语音错误在 16~30 次之间,方音明显,扣 9 分、10 分、11 分。

六档:语音错误超过 30 次,方音重,扣 12 分、13 分、14 分。

语音错误(包括同一音节反复出错),按出现次数累计。

2. 词汇、语法规范程度,共 10 分。

词汇、语法不规范指使用了典型的方言词语、典型的方言语法以及明显的病句。

词汇、语法不规范,每出现 1 次,扣 0.5 分。最多扣 4 分。

3. 自然流畅程度,共 5 分。分三档:

一档:语言自然流畅,扣 0 分。

二档:语言基本流畅,口语化较差,类似背稿子。有所表现,扣 0.5 分;明显,扣 1 分。

三档:语言不连贯,语调生硬。程度一般的,扣 2 分;严重的,扣 3 分。

4. 说话时间不足 3 分钟,视程度扣 1~6 分。

缺时 15 秒以下,不扣分;缺时 16 秒~30 秒,扣 1 分;缺时 31 秒~45 秒,扣 2 分;缺时 46 秒~1 分钟,扣 3 分;缺时 1 分 01 秒~1 分 30 秒,扣 4 分;缺时 1 分 31 秒~2 分钟,扣 5 分;缺时 2 分 01 秒~2 分 29 秒,扣 6 分。

说话时间不足 30 秒(含 30 秒),本测试项成绩记为 0 分。

5. 离题、内容雷同,视程度扣 4 分、5 分、6 分。

6. 无效话语,累计占时酌情扣分。累计占时 1 分钟以内(含 1 分钟)扣 1 分、2 分、3 分;累计占时 1 分钟以上,扣 4 分、5 分、6 分;有效话语不满 30 秒(含 30 秒),本测试项成绩计为 0 分。

四、常见扣分原因分析

1. 语音失误

命题说话中，应试人的语音错误按错误音节数定档，同一语音错误累加扣分。说话中的方音除了通过语音错误，还会通过语音缺陷表现出来。语音缺陷在字、词测试中逐个扣分，在朗读、说话中不再一个个记录，但较多的缺陷影响着语音的质量，使说话带有方音色彩。发音不清晰，吐字归音不到位，经常"吃字"，也是说话语音质量不高的原因。此外，说话时，语流中的音变是否符合规则，轻重音格式是否准确，句调是否带有方言语调特征，都会列入方音的考察范围，视程度予以扣分。

2. 词汇语法不规范

命题说话中使用方言词汇和方言语法都会失分，要使用普通话的词汇和语法格式、遣词造句符合现代汉语规范，不使用典型的方言语法格式，使用规范的普通话句式，避免出现句法错误和明显病句。

3. 说话不流畅、不自然

说话中出现断断续续、结结巴巴，书面语色彩明显，语言不连贯，语调生硬。测试时因紧张导致的语速较快，或为说准字音故意放慢语速也容易导致语流凝滞，话语不够连贯，停顿时间较长，停顿次数较多等，视程度扣分。

4. 时间不足

命题说话限时3分钟，同时也要求应试人说满3分钟。因紧张或准备不充分，导致说话时间不足，会按照评分标准累计扣分。

5. 说话离题、内容雷同、话语无效

不管是无意还是故意，离题都会被扣分。内容重复雷同或所说内容和话题无关，也是测试时被扣分的因素。

五、应试建议

1. 训练语音

测试前要充分认清自己的语音问题，有的放矢地多听多练。在日常生活、学习和工作中尽量少使用方言，多说普通话，养成用普通话思维、用普通话表达的良好习惯。在准备话题内容时，可有意识规避自己易发错的语音，或替换成同义、近义

的其他音节。同时，应格外注意日常口语中一些高频词的准确发音，如"能""生""成""这""那""因为""比较""一会儿"等，从而有效地减少音节错误，提高语音质量。

2. 认真审题

应试人要认真审题，并学会统观话题，对话题进行归纳分类后，围绕话题详细练习。分类可以建立同类题目之间的联系，只要说话题目之间有关联，就可以将它们巧妙地归纳成一个话题，内容材料可以共用，准备起来省时省力。

3. 分析话题

话题按体裁大致可以分为叙述类、说明类、议论类。叙述类话题以过程讲述为主，一般以时间或空间的转移为主线；说明类话题以描摹介绍为主，多为简洁明了的说明性语言；议论类话题重在陈述和佐证观点，一般以提出观点、论证观点为主线。因此，应试人对话题要仔细分析，确定话题类别后再进行构思。

4. 准备提纲

话题准备不需要写详稿，提纲式的话题线索既清楚又好记，且易于发散思维。提纲的写作首选熟悉的和感触较深的内容，这样便于记忆。构思时可大题化小，多写自己经历的具体细微的小事。少议论说明，多叙事，多增加细节描述，插叙相关联的情节，如：时间、地点、人物、事件，事件的发生、发展、高潮、结局，与事件相关联的时间，事件的后续等。

5. 语速适中

测试时，应试人要保持适中语速。一般正常语速为每分钟 200～230 个字，3 分钟 600～700 个字。语速过快，容易只顾着说话内容，对语音、词汇、语法的兼顾不够，也容易发音吐字不到位，从而暴露方音。语速过慢，容易造成语流偏慢，表达不流畅。

第二节　命题说话话题思路分析

《普通话水平测试实施纲要》(2001 版)提供的命题说话题目共 50 个，如果逐一准备，会耗费大量时间，存在较大困难。我们可以理清话题的思路，将 50 个话题巧妙地归类，从而达到只需准备部分题目的目的。

一、话题归类

1. 按文体归类

（1）叙述类

例如：

我的一天	难忘的旅行
假日生活	尊敬的人
朋友	自律与我
童年生活	难忘的旅行
我和体育	我喜爱的动物

（2）说明类

例如：

我喜欢的美食	我了解的十二生肖
我了解的地域文化（或风俗）	家乡（或熟悉的地方）
我的兴趣爱好	我喜欢的美食

（3）议论类

例如：

谈服饰	谈谈卫生与健康
对环境保护的认识	谈谈社会公德
学习普通话（或其他语言）的体会	科技发展与社会生活
对美的看法	谈传统美德
对终身学习的看法	小家、大家与国家

2. 按内容归类

只要说话题目之间是有关联的，都可以将它们巧妙地联系起来，归纳成一个大的话题范畴。例如：

（1）《假日生活》—假日去动物园《我喜爱的动物》—假日我经常外出旅行《难忘的旅行》—我喜欢有假日的季节《我喜欢的季节（或天气）》—童年记忆最深的一次假日旅行《童年生活》。

（2）《尊敬的人》——是我的老师《老师》——童年记忆里，给我印象最深的人《童年生活》——是我的朋友《朋友》——是引导我从事……职业的人《我喜欢的职业（或专业）》——是一个有崇高修养的人《谈个人修养》。

（3）《我的愿望》——我的愿望是将来当一名……《我喜欢的职业（或专

业)》——我的愿望是当一名作家《印象深刻的书籍》——我的愿望是有一个健康的身体《谈谈卫生与健康》——我的愿望是有一部最新科技的手机《科技发展与社会生活》——我的愿望是节假日能回家乡《家乡(或熟悉的地方)》——我的愿望是能回家乡过节《我了解的地域文化(或风俗)》——我的愿望是生活在一个没有食品污染、没有环境污染、健康和谐的地方《谈谈卫生与健康》《对环境保护的认识》《向往的地方》。

二、话题提纲举例

测前准备时可以列出命题说话的提纲(切不可将短文写出背诵),下面是部分话题的提纲举例,仅供参考。

(一)《尊敬的人》

1. 我尊敬的人是我的爸爸(妈妈、老师……)
2. 我尊敬他(她),因为他(她)具有高尚的品德……(讲述给你印象最深的故事)
3. 我尊敬他(她),还因为他(她)特别关心我……(讲述让你感动的故事)
4. 所以,爸爸(妈妈、老师……)是我最尊敬的人

(二)《朋友》

1. 我最要好的朋友是……,他(她)是……(简要介绍)
2. 我们能成为最要好的朋友,是因为……(讲述你们之间发生的有趣的难忘的故事)
3. 我们现在虽然不在一起上大学,但是我们仍然经常联系,前段时间我们还……(讲述你们一起相聚的故事)
4. 我还有一位特殊的朋友,他(她)是……(简要介绍,继续讲述)

(三)《童年生活》

1. 我的童年生活是怎样的
2. 童年生活中记忆最深的人有哪些(爸爸、妈妈、老师、同学……讲故事)
3. 童年生活里记忆最深的事情有哪些(讲故事)
4. 所以童年生活至今记忆犹新,对我后来的人生经历有很大的影响

(四)《难忘的旅行》

1. 我最难忘的旅行是……
2. 有哪些景点让你难忘
3. 有哪些美食让你难忘
4. 有哪些经历让你难忘(讲旅行过程中与他人交往的故事)

(五)《过去的一年》

1. 过去的一年是难忘的(忙碌的、充实的)一年
2. 回顾过去的一年中让你难忘的(忙碌的、充实的)的经历或事情
3. 回顾过去的一年中让你难忘的(忙碌的、充实的)的经历或事情对你的影响
4. 对新的一年的期盼或展望

(六)《我喜爱的动物》

1. 我喜爱的动物是……
2. 我喜爱它是因为……(讲述它惹人喜爱的地方)
3. 我喜爱它还因为……(讲述我和它之间的故事)
4. 所以,……是我喜爱的动物

(七)《我喜欢的职业(或专业)》

1. 我喜欢的职业是教师(或其他)
2. 我喜爱这个职业的原因(讲述令我感动或对我影响很大的事)
3. 这个职业有哪些吸引你的地方(讲述我亲身经历的事情)
4. 所以我喜欢的职业是……,我将要……(怎样做)

(八)《我喜欢的节日》

1. 我喜爱的节日是……(春节、端午、中秋、五一、国庆、父亲节等)
2. 介绍所喜欢节日的习俗礼仪
3. 我是怎么度过这个节日的
4. 所以,……节日是我喜爱的节日

(九)《我了解的地域文化(或风俗)》

1. 我了解的风俗是春节的风俗(或清明、端午、中秋、重阳节等)
2. 集体介绍春节有哪些风俗(包括传说、美食、活动等)

3. 具体讲述你自己家乡怎么过春节的,你自己怎么过春节的
4. 所以,我们要了解这些这些风俗和地域文化,并传承下去

(十)《我了解的十二生肖》

1. 介绍我了解的十二生肖的相关常识
2. 结合所读的名著或书籍介绍相关生肖或人物(讲故事)
3. 介绍我自己或熟悉的人的生肖
4. 所以,……就是我了解的十二生肖的相关知识

(十一)《家乡(或熟悉的地方)》

1. 我的家乡(或熟悉的地方)是……
2. 我的家乡(或熟悉的地方)有什么美景
3. 我的家乡(或熟悉的地方)有什么美食
4. 我的家乡(或熟悉的地方)有什么独特之处
5. 我和家乡(或熟悉的地方)发生了什么难忘的事情

(十二)《学习普通话(或其他语言)的体会》

1. 学习普通话很重要(现实需要、交往需要、学习需要)
2. 现实需要:获取教师资格要取得普通话等级证书
3. 交往需要:讲述与不同方言区的老师、同学相处的故事
4. 学习需要:课堂学习、课后交流的故事
5. 介绍我学习普通话的方法和收获

(十三)《谈谈卫生与健康》

1. 卫生和健康密不可分,有良好的卫生习惯才会有健康的身体
2. 讲卫生,身体健康(讲述自己和他人的故事)
3. 不讲卫生,就会生病(讲述自己和他人的故事)
4. 所以,卫生与健康关系密切

(十四)《对环境保护的认识》

1. 环境保护很重要:大到人类的生死存亡,小到个人的身体健康。例如……
2. 重视环境保护的例子(有一次,我看到……)
3. 不重视环境保护的危害(举身边的事例)
4. 加强环保意识,环境保护从我做起

(十五)《谈服饰》

1. 服饰是人们日常生活中不可或缺的物品,服饰代表一个人的个性和品位
2. 服饰是否恰当,跟服饰的选择有很大关联(讲述我和我的家人购买和选择服饰的故事)
3. 服饰恰当与否还在于搭配(讲述我和我的家人合理搭配服饰的故事)
4. 恰到好处的服饰可以使人精神面貌焕然一新,让人看起来舒服

(十六)《我的理想(或愿望)》

1. 我的愿望是获得普通话二级甲等证书(考取研究生、找到好的工作等)
2. 我为什么有这个愿望,因为……(讲述自己的经历、故事)
3. 为了实现这个愿望我做了哪些努力(讲述讲述自己的奋斗历程)
4. 所以,我的理想(或愿望)是……

(十七)《劳动的体会》

1. 劳动是生活中的重要部分,从小我们就被教育要爱劳动
2. 假日去农村爷爷家,我参加了一次农业劳动(插秧、割稻子、收玉米、喂猪、放牛等),给我留下了深刻的印象
3. 具体讲述劳动的过程、劳动中发生的事情、劳动中的感受等
4. 通过劳动我才真正体会到"谁知盘中餐,粒粒皆辛苦"的含义

(十八)《对团队精神的理解》

1. 我理解的团队精神是……(为了共同目标和利益相互协作、共享、牺牲的精神等)
2. 现代社会中团队精神的重要性(提高组织效率、增强组织创新型、增强团队的凝聚力等,举例说明)
3. 团队精神的特点(有共同的目标、相互协作与支持、相互尊重、成果共享等,举例说明)
4. 所以,现代社会团队精神很重要

(十九)《对亲情(或友情、爱情)的理解》

1. 介绍亲情(或友情、爱情)的概念
2. 对亲情(或友情、爱情)的体验和感受(讲述自己的情感经历和体验)
3. 亲情(或友情、爱情)是我们生活中最为重要的情感关系,我们要努力去经营

和呵护(讲述自己经营和呵护情感的小故事)

4. 所以,亲情(或友情、爱情)都是我们生活中不可缺的情感

(二十)《对终身学习的看法》

1. 终身学习是我们在一生中持续不断的学习过程

2. 终身学习是中国人的传统美德(可列举名人或历史人物终身学习的事例)

3. 终身学习对我们的个人成长、素质和能力提升有非常大的影响

4. 我怎样做到坚持终身学习

附录　普通话水平测试用话题

1. 我的一天

2. 老师

3. 珍贵的礼物

4. 假日生活

5. 我喜爱的植物

6. 我的理想(或愿望)

7. 过去的一年

8. 朋友

9. 童年生活

10. 我的兴趣爱好

11. 家乡(或熟悉的地方)

12. 我喜欢的季节(或天气)

13. 印象深刻的书籍(或报刊)

14. 难忘的旅行

15. 我喜欢的美食

16. 我所在的学校(或公司、团队、其他机构)

17. 尊敬的人

18. 我喜爱的动物

19. 我了解的地域文化(或风俗)

20. 体育运动的乐趣

21. 让我快乐的事情

22. 我喜欢的节日

23. 我欣赏的历史人物

24. 劳动的体会

25. 我喜欢的职业(或专业)

26. 向往的地方

27. 让我感动的事情

28. 我喜爱的艺术形式

29. 我了解的十二生肖

30. 学习普通话(或其他语言)的体会

31. 家庭对个人成长的影响

32. 生活中的诚信

33. 谈服饰

34. 自律与我

35. 对终身学习的看法

36. 谈谈卫生与健康

37. 对环境保护的认识

38. 谈社会公德(或职业道德)

39. 对团队精神的理解

40. 谈中国传统文化

41. 科技发展与社会生活

42. 谈个人修养

43. 对幸福的理解

44. 如何保持良好的心态

45. 对垃圾分类的认识

46. 网络时代的生活

47. 对美的看法

48. 谈传统美德

49. 对亲情(或友情、爱情)的理解

50. 小家、大家与国家

第七章 计算机辅助普通话水平测试

计算机辅助普通话水平测试是目前最主要的测试方式。通过计算机评测系统,对普通话水平测试第一项"读单音节字词"、第二项"读多音节词语"、第三项"朗读短文"的语音标准程度进行识别和评测,第四项"命题说话"则由测试员在线听取应试人录音进行评分,或采用一人一机的评测方式进行评分。

计算机辅助普通话水平测试流程如下:

一、候测

应试人在测试当天携带准考证和身份证原件,按时到考点报到,在考务人员的安排下进入候测室候测。候测时需进行身份信息采集验证、照片采集和系统抽签。采集的信息和照片作为本次测试的认证信息,现场采集的照片还将用于普通话水平等级证书。

1. 身份证信息验证

应试人将身份证贴于终端设备相应位置,进行身份信息验证。

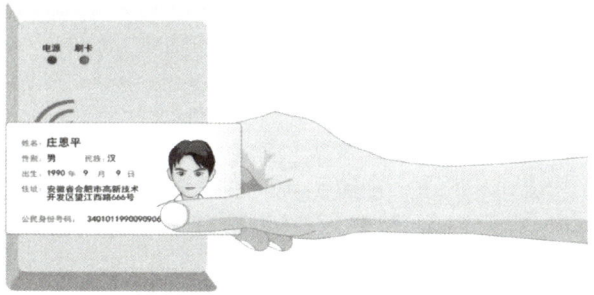

2. 照片采集

应试人坐到指定位置,现场采集照片。照片采集的背景为白色,请不要穿着与背景颜色近似颜色的衣服。因照片还要用于普通话水平等级证书,着装要正式得体。

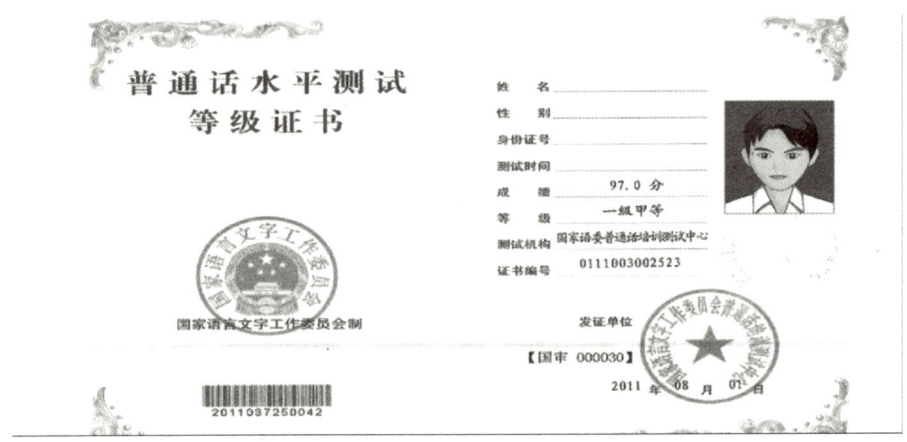

3. 系统抽签

采集照片后,系统自动随机分配考试机号给应试人,应试人须记住自己的考试机号。

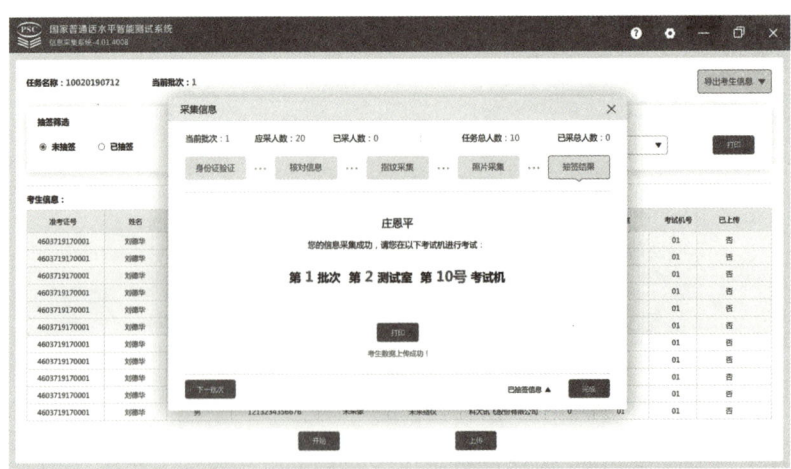

二、测试

1. 登录

应试人根据自己的考试机位号进入对应的测试机房,在规定时间内,通过人脸识别,完成登录。

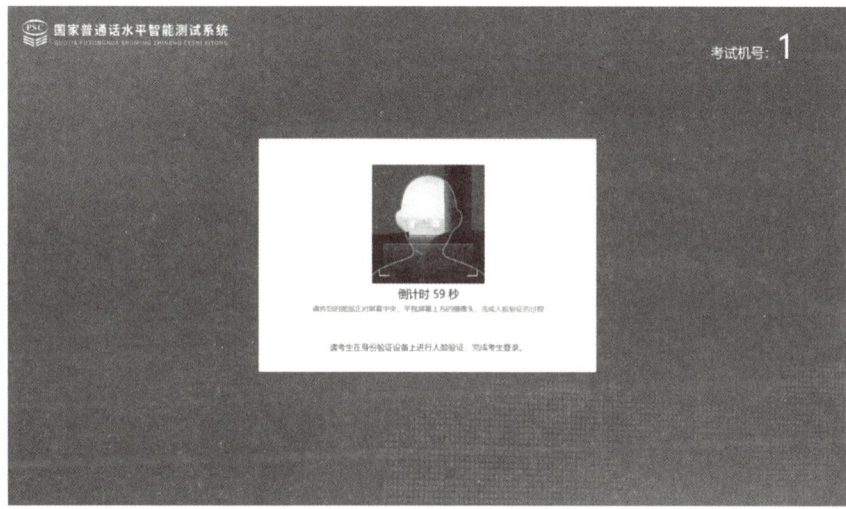

2. 核对信息

人脸识别后,电脑屏幕上弹出应试人信息,应试人仔细核对,确认无误后点击"确定"按钮,进入下一个环节。

3. 佩戴耳机

应试人按照屏幕上的提示佩戴上耳机,并将麦克风调整到距嘴边2～3厘米的位置,不要正对嘴巴,然后准备考试。

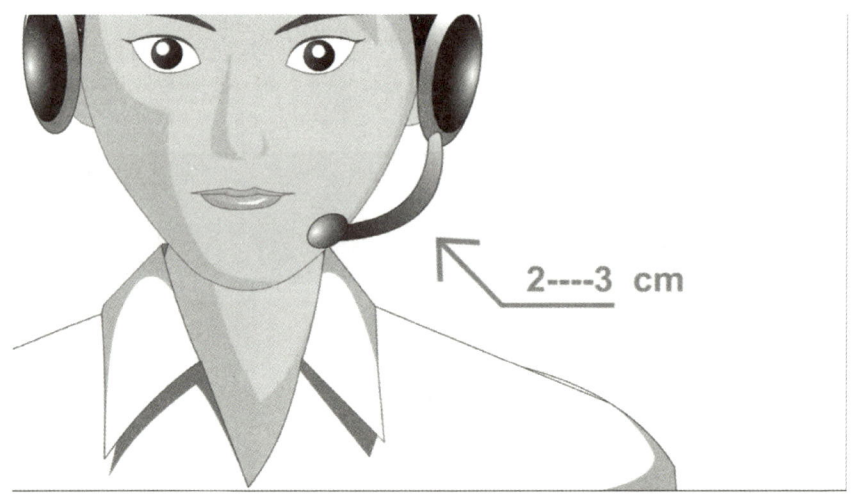

4. 试音

进入试音页面,系统会提示"现在开始试音",在听到"嘟"的一声后,应试人以适中音量和速度朗读屏幕上文本框中的个人信息。系统会提示试音是否成功,如试音失败,页面会弹出提示框,请点击"确认"按钮重新试音。试音成功,页面会弹出提示框:"试音成功,请等待考试指令!"测试时,请保持试音时的音量,音量过大或过小都会导致测试失败。测试时请不要用手触碰麦克风,以免影响录音效果。

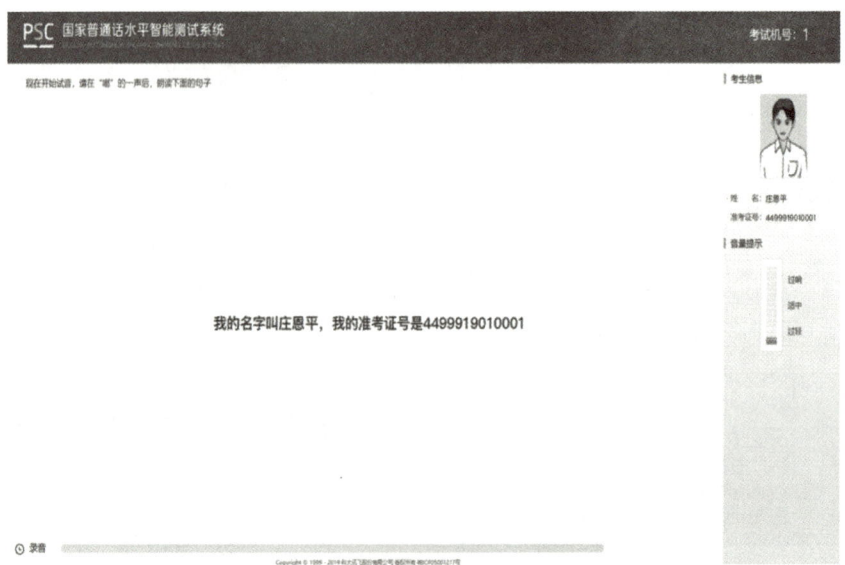

5. 测试

当系统出现第一项测试试题，应试人正式开始四项测试。每一题开始前，应试人都会听到系统提示音，如"第一题，读单音节字词，限时 3.5 分钟，请横向朗读"。听到"嘟"的一声后，应试人开始朗读试卷内容。

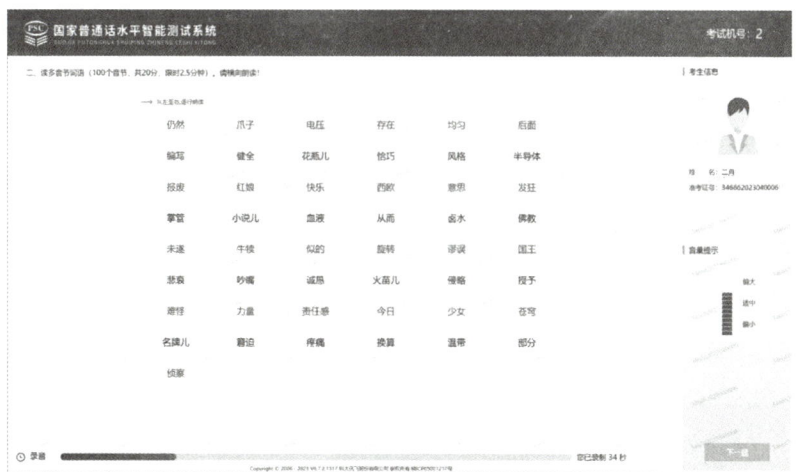

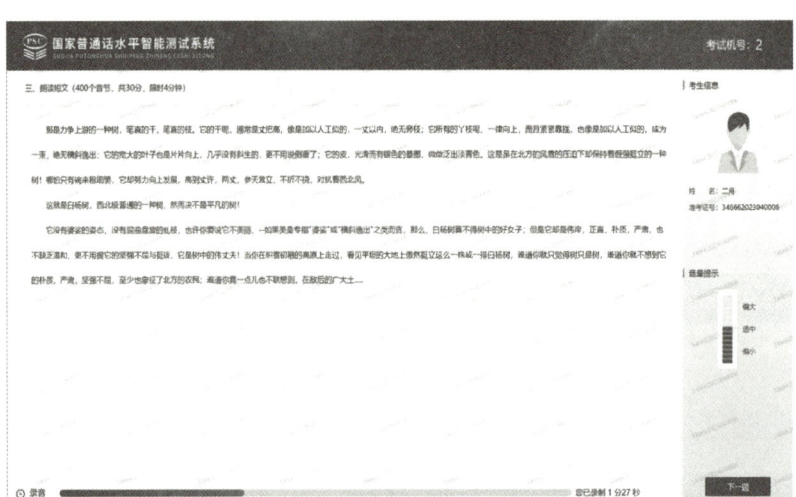

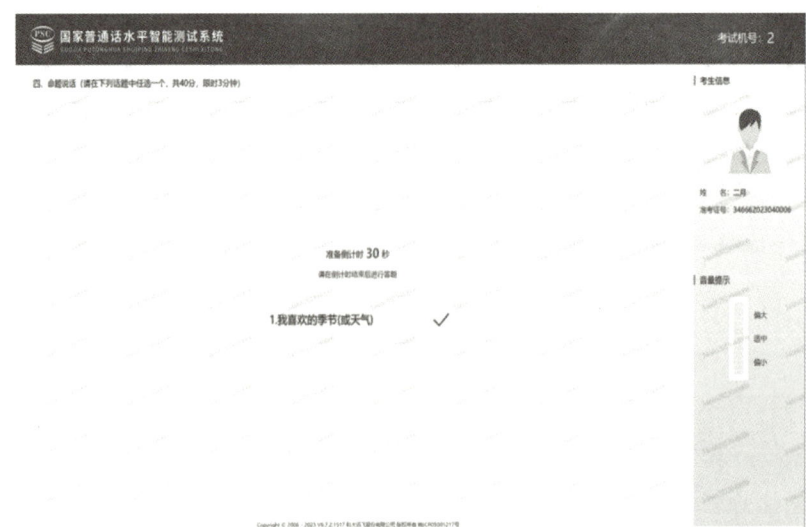

注意：

（1）应试人在提示语结束并听到"嘟"的一声后再开始朗读试卷内容。

（2）每项测试都须横向朗读。为避免串行，试题一、二项采用蓝黑字体分行编排，应试人应逐行、逐字朗读，测试时，注意吐字清晰，避免添字、漏字、改字。

（3）若在规定时间前完成该项测试，应试人可自行点击屏幕右下角的"下一题"按钮，进入下一项测试，无需等待免录入噪音。

（4）第四项命题说话，应试人在说话前须按系统提示音要求，在屏幕上的两个话题中选择一个，并在规定时间内（10秒）用鼠标勾选选定的话题。话题选择确认后，有30秒的倒计时，30秒倒计时结束，开始"命题说话"项测试。命题说话必须说满3分钟。

（5）考试结束，系统会弹出提示框"您已完成考试，请摘下耳机，安静离开"。

参考文献

1. 国家语委普通话与文字应用培训测试中心.普通话水平测试实施纲要(2021年版)[M].北京:语文出版社,2022.
2. 国家语委普通话与文字应用培训测试中心.普通话水平测试应试指导[M].北京:语文出版社,2023.
3. 黄伯荣,廖序东.现代汉语(增订六版)[M].北京:高等教育出版社,2017.
4. 全国人民代表大会常务委员会.中华人民共和国国家通用语言文字法[M].北京:法律出版社,2000.
5. 刘照雄.普通话水平测试大纲(新修订本)[M].长春:吉林人民出版社,2006.
6. 宋欣桥.普通话语音训练教程[M].北京:商务印书馆,2004.
7. 宋欣桥.普通话水平测试员实用手册[M].北京:商务印书馆,2020.
8. 姚喜双,韩玉华,黄霆玮,聂丹,孟晖.普通话水平测试概论[M].北京:高等教育出版社,2011.
9. 吴月芹,李素琴.新编普通话水平测试教程[M].3版.南京:南京大学出版社,2019.
10. 中国社会科学院语言研究所词典编辑室.现代汉语词典[M].7版.北京:商务印书馆,2016.
11. 张大鹏,王琦,张薇.普通话发音发声训练教程[M].上海:上海书店出版社,2010.
12. 陆湘怀,王家伦.计算机辅助普通话水平测试教程[M].南京:东南大学出版社,2010.